Der richtige Stil
für Brief & Mail

INGE WOLFF

Der richtige Stil für Brief & Mail

Anleitungen, Tipps,
über 160 Musterbriefe

tosa

Originaltitel: *Der moderne Brief: Mut zum persönlichen Stil; Anleitungen, Tips und viele Musterbriefe*

Ravensburger-Ratgeber im Urania Verlag, Berlin, ist ein Unternehmen der Verlagsgruppe Dornier
Umschlaggestaltung: Joseph Koó unter Verwendung eines Bildes der Bildagentur Mauritius

Printed in Slovenia

Inhalt

Vorwort

Die nützlichsten Bücher sind diejenigen,
welche den Leser zu ihrer Ergänzung auffordern.
VOLTAIRE

Sie wundern sich,

sehr geehrte Leserin, sehr geehrter Leser,

über dieses Zitat als Anfang eines Vorwortes? Oder fragen Sie sich vielleicht gerade, ob bei diesem Briefanfang die Zeilen verrutscht sind? Schließlich gehört in einem »ordentlichen« Brief die Anrede an den Anfang und ein Ratgeberbuch soll, bitte schön, etwas vermitteln, aber nicht zu Ergänzungen auffordern. Und überhaupt: Macht »man« das denn, einen Brief mit einem Zitat beginnen?

Vermutlich werden es noch ganz andere Fragen gewesen sein, die Ihr Interesse an moderner Korrespondenz geweckt oder vergrößert haben. Vielleicht möchten Sie etwas über moderne Anschriften, Anreden und Grüße erfahren oder Sie suchen Formulierungsvorschläge, die den 08/15-Stil durchbrechen helfen. Eventuell fragen Sie sich auch, ob jeder Brief nach DIN-Regeln geschrieben werden muss. Oder Sie erwarten Briefmuster, die Ihnen Anregungen für besonders schwierige Schreiben wie Kondolenzbriefe und Entschuldigungen geben können. Oder, oder, oder …

Was auch immer der Auslöser für Sie gewesen ist, dieses Buch zu erwerben, eines ist klar: Sie stehen dem Thema aufgeschlossen gegenüber. Dafür sage ich Ihnen als Erstes ein herzliches Dankeschön und als Zweites auch: Glückwunsch! Sie gehören zu denjenigen, die Briefe wichtig finden. Das wird Ihnen viel zusätzliche Sympathie einbringen, weil die Briefkultur in unserer hektischen Zeit wieder mehr und mehr Bedeutung bekommt.

Sie haben erkannt, wie ausschlaggebend ein moderner Briefstil sein kann. Was nutzt das fortschrittlichste Produkt, ein progressives Firmenimage, wenn die Geschäftskorrespondenz im Kleid der Jahrhundertwende daherkommt? Sie wollen Mut zum eigenen Stil entwickeln oder vergrößern. Das wird Sie aus der Masse der langweiligen Standardbriefverfasser herausheben und Ihre Schreiben unverwechselbar werden lassen.

Für den Weg dahin soll Ihnen dieses Buch Anregungen und Unterstützung geben. Darüber hinaus soll es Sie zu Ergänzungen und Veränderungen ermutigen. Einen Musterbrief abzuschreiben ist nicht das Nonplusultra. Erstens, weil dann von persönlichem Stil keine Rede sein kann, und zweitens, weil die individuelle Komponente, die einen Brief zu dem einen, besonderen werden lässt, fehlt. Außerdem kann kein Buch der Welt für jede Gelegenheit, jede Situation, jede Beziehung oder jeden Anlass einen fertigen Musterbrief liefern. Ich wage es gar nicht auszurechnen, wie viele Seiten dieses Buch dann umfassen müsste.

Nutzen Sie deshalb die Briefmuster als Ideengeber. Setzen Sie geschäftliche Briefe auf Ihre Branche und Ihr Produkt um. Verändern Sie einzelne Teile, wie es zu Ihnen, der jeweiligen Situation und zu Ihrer Beziehung zum Adressaten passt – beruflich wie privat. Fragen Sie sich nicht, ob »man« eine bestimmte Briefform wählen würde. Sie selbst sind wichtig. Was passt zu Ihnen? Welcher Briefstil steht Ihnen und in welcher Beziehung stehen Sie zur Empfängerin oder zum Empfänger? Das allein sind die Kriterien, nach denen Sie Ihren Mut zum persönlichen Stil uneingeschränkt einsetzen können.

Selbstverständlich gibt es Bereiche, in denen eine gewisse Sachlichkeit besser angebracht ist als zu mutige Stilkapriolen. Doch auch ein neutraler Briefstil kann modern sein, anstatt sich hinter veralteten Floskeln zu verstecken, und auch ein »ordentlicher« Brief muss nicht langweilig sein. Bedenken Sie bitte: »Ordentlich« lässt sich nicht nur in eine Richtung verändern. Es muss nicht zwingend »unordentlich« daraus werden, sondern: kann auch »außerordentlich« bedeuten! Und dafür lohnt sich der Mut zum persönlichen Stil. Ich hoffe, dass Ihre persönliche Art zu schreiben eine willkommene Unterstützung bekommt, wenn Sie dieses Buch lesen. Und noch etwas: Schmunzeln ist dabei nicht nur erlaubt, sondern erwünscht!

Viel Spaß beim Lesen und jede Menge Ideen wünscht Ihnen

PS: Dem Verlag sage ich sehr herzlichen Dank, dass er mir Gelegenheit gegeben hat, meine Vorstellung von Mut zum persönlichen Stil in diesem Buch darstellen zu können. Bei meiner Lektorin, Frau Dr. Jabs, bedanke ich mich ebenfalls sehr herzlich für ihre tatkräftige Unterstützung. Und ein dickes Dankeschön geht an meine Tochter, Andrea Fehr, die mir die PC-Arbeit abgenommen und viele Nachtschichten mit mir während der Arbeit an diesem Buch geteilt hat.

»Ruf doch mal an!« oder »Schreib mal wieder!«

Welchem Werbeslogan sollten Sie folgen?

Sie tendieren zum ersten Werbespruch und greifen lieber zum Telefonhörer als zum Briefpapier? Sie scheuen die Arbeit und die Zeitinvestition, die ein Brief erfordert? Oder Sie sind der Meinung, ein Telefonat sei müheloser und dabei genauso wirkungsvoll? Das alles ist verständlich und teilweise auch richtig. Aber eben nur zum Teil.

Nicht immer ist das Telefon das optimale Kommunikationsmittel.

In vielen Fällen stellt sich die Frage gar nicht: *Kann ich auf ein Schreiben verzichten?*, zum Beispiel bei mündlich getroffenen Geschäftsvereinbarungen. Es gilt als selbstverständlich, dass diese später schriftlich fixiert werden. Dies ist bei allen Vorgängen so, die rechtlich abgesichert werden müssen. Überwindung der Schreibfaulheit als Selbstschutz also? Schade, wenn jemand so denkt, er verdirbt sich selbst wertvolle Chancen.

Wird der gute alte Brief verdrängt?

Briefkultur im Aufschwung: Der Wert eines selbstverfassten Schreibens erhöht sich, weil es im Gegensatz zu anderen Kommunikationsmitteln etwas Bleibendes darstellt.

Die Briefkultur erlebt zur Zeit eine regelrechte Renaissance, und zwar geschäftlich wie privat. Noch vor kurzem hatten Experten geglaubt, dass der gute, alte Brief verdrängt würde durch moderne Kommunikationstechniken wie E-Mail, Telefax oder Handy. Doch sie haben sich geirrt, das Gegenteil ist eingetreten. In unserer immer schnelllebigeren Zeit bekommt ein Brief einen Beständigkeitsbonus. Das hebt ihn hervor aus den Mitteilungen, die sich verflüchtigen können wie das gesprochene Wort.

Erinnern Sie sich doch bitte kurz einmal an Ihren letzten Geburtstag. Sicher haben Sie telefonische Glückwünsche bekommen und dachten vielleicht: *Wie nett. Ulla hat meinen Geburtstag nicht vergessen.* Sie haben sich darüber gefreut – ohne Frage. Doch setzen wir einmal voraus, es hätten viele angerufen und Ihr Ehrentag läge schon eine Weile zurück. Könnten Sie sich dann noch an jeden erinnern, der zum Hörer gegriffen hat? Voraussichtlich nicht. Erhalten Sie aber einen liebevoll verfassten Geburtstagsbrief, vergessen Sie das nicht so schnell. Ja, wahrscheinlich heben Sie ihn sogar auf und lesen ihn vielleicht sogar später noch einmal – ein Schreiben mit Erinnerungswert.

Die besondere Botschaft des persönlichen Briefes

Und noch etwas vermittelt ein persönlicher Brief: Da hat sich jemand Zeit für mich genommen. Das wirkt wie ein zusätzliches Geschenk. Zeit ist kostbar – Zeit ist Geld. Wenn Sie sich die Zeit für stilvolle Korrespondenz nehmen, beweist das der Empfängerin oder dem Empfänger: Ich bin für jemanden so wichtig, dass er mir ein Stück von dieser kostbaren Zeit widmet. Das wertet auf und vermittelt positive Emotionen. Diese Faktoren sollten Sie weder im Geschäfts- noch im Privatleben ungenutzt lassen.

Zeit ist ein kostbares Geschenk – und genau das übermittelt ein Brief dem Empfänger.

Mit ansprechenden Briefen können Sie Kontakte knüpfen, Beziehungen pflegen oder ausbauen, Freundschaften erhalten oder vertiefen. Also: Schreiben Sie – so oft wie möglich! Aber schreiben Sie bitte nicht irgendwie und irgendwas. Haben Sie Mut zum eigenen Stil, unterwerfen Sie sich nicht gedankenlos gebrauchten Üblichkeitsformulierungen, nur weil »man das immer so diktiert hat«. Entstauben Sie, wenn nötig, Ihre Geschäftskorrespondenz und werfen Sie überholte Floskeln über Bord. Lassen Sie sich dort, wo es überflüssig ist, nicht von DIN-Regeln einengen!

Haben Sie Mut zum eigenen Stil.

Der Laut-Lese-Test

Sprach- und Schreibstil sollten nicht aus zwei Welten kommen.

Testen Sie sich einfach einmal selbst: Gibt es bei Ihnen einen Unterschied zwischen Ihrem Schriftdeutsch und Ihrer »normalen« Art, Gesprochenes zu formulieren? Das können Sie ganz leicht so herausfinden: Lesen Sie einen von Ihnen geschriebenen oder diktierten Brief laut und stellen Sie sich dabei vor, die von Ihnen angeschriebene Person würde vor Ihnen stehen. Kommen Sie dabei zu dem Schluss: *Meine Güte, so würde ich ja niemals mit der reden!*, dann sollten Sie Ihren Schreibstil dringend prüfen. Zwar eignet sich nicht jede locker-flockige Bemerkung, die Sie sich im Sprachgebrauch vielleicht leisten können, auch für den Schriftverkehr. Grundsätzlich sollten Sprach- und Schreibstil aber nicht aus zwei Welten stammen, wie dies häufig in der Geschäftskorrespondenz zu beobachten ist. Doch auch Privatbriefe strotzen oft vor lauter »Drechselkunst«. Dabei stellt sich meist die Frage, ob der oder die Schreiber/in jemals in der Lage wäre, in dem Stil auch nur zu denken: Ein häufig zu beobachtendes Phänomen bei Glückwunschbriefen. Auch hier hilft der gerade beschriebene *Laut-Lese-Test* zur Selbsterkenntnis.

Für den ersten Eindruck gibt es keine zweite Chance!

Dieser Satz gilt auch für Briefe

Kennen Sie Kästchenbriefe?

Kennen Sie den Ausdruck »Kästchenbrief«? Dieses ist eine Insiderbezeichnung unter Menschen wie Rundfunkredakteuren oder »Kummerkasten-Tanten« bei Zeitungsredaktionen. Auch alle, die viel Post bekommen, weil sie in der Öffentlichkeit stehen, kennen diese Schreiben: ein Blatt kariertes Rechenpapier, meist grau, oft noch mit dem ausgefransten Rand, so wie es aus einem Spiralblock herausgerissen wurde, und mehrmals mittig oder gar unordentlich gefaltet in einen nicht passenden Umschlag gestopft.
Müssen Sie rätseln, welche Auswirkungen dieser erste Eindruck auf die Beantwortung hat? Wohl kaum. Die Dringlichkeitsstufe eins wird einem solchen Zettel sicher nicht zuerkannt, schon gar nicht, wenn er im Verbund mit vielen »adretten Brüdern« ankommt. Denken Sie bei dieser Schilderung bitte nicht, ich würde aus einer »Einmal-Mücke« einen Elefanten machen. Kästchenbriefe gehören zum täglichen Brot aller einschlägigen Berufsgruppen.

Wie sollte ein gut gestalteter Brief aussehen?

Ein Brief ist wie Ihre persönliche Visitenkarte.

Im privaten Bereich ist dies für Geschäftsleute selbstverständliche Denken noch nicht überall verankert: Ein Brief ist wie eine Visitenkarte der Person oder eines Unternehmens. Deshalb sollten Sie sich auch über privates Briefpapier einige Gedanken machen. Es ist Ausdruck der Persönlichkeit, gibt Einblick in den individuellen Stil und Geschmack. Selbstverständlich sind Sie im privaten Bereich in der Auswahl wesentlich freier als im Beruf, doch stellen Sie sich auch hier Fragen wie: Passt Blümchenpapier zu mir? Wie wirkt ein kunterbunter Rand bei einem Brief mit traurigem Inhalt? Eignet sich rosarotes Briefpapier für einen Mann? Sollte ich mir für bestimmte Anlässe nicht doch besser schlichte Briefbogen mit Namen zulegen? Letztere gelten nach wie vor als die empfehlenswerteste Lösung. Es muss ja nicht unbedingt Bütten mit Prägedruck sein, auch andere qualitativ gute Papiersorten wirken geschmackvoll.

Besitzen Sie einen PC mit leistungsfähigem Drucker? Dann können Sie Ihr Briefpapier auch selbst kreieren und drucken. Noch eine Möglichkeit: Sie lassen sich einen Prägestempel anfertigen. Damit kann jedes nicht zu feste Papier – auch der Umschlag – per Hand geprägt werden. Normale Stempel und selbstklebende, gedruckte Schildchen wirken weniger edel als gedrucktes Papier. Für bestimmte Briefe, zum Beispiel Kondolenz- und Glückwunschschreiben, eignen sie sich deshalb auch bei der Privatpost nicht. Völlig »daneben« sind sie bei Geschäftsbriefen. Dort wirken sie unprofessionell und haben darüber hinaus ein *Billigimage*. Wer könnte sich das als Geschäftsfrau oder -mann leisten?

Entwickeln Sie ein einheitliches Erscheinungsbild

Imagepflege ist eines der wichtigsten Puzzleteilchen im großen Wettbewerbsspiel. Zu dem Erscheinungsbild gehört die Korrespondenz mit allem Drumherum dazu – selbstverständlich auch der Schreibstil. Doch dieser kommt erst nach dem ersten Eindruck zum Zug. Legen Sie deshalb auf die Gestaltung Ihrer Geschäftsdrucksachen viel Wert.

Corporate identity bedeutet nicht nur die einheitliche Gestaltung der Firmendrucksachen, sondern ein klares, ganzheitliches Unternehmenskonzept.

Mit dem Briefpapier allein ist es nicht getan. Jedes Schriftstück, jede Broschüre, jedes Werbemittel bis hin zum bedruckten Notizzettel sollte Botschafter Ihrer Unternehmenskultur sein. Corporate identity und Corporate design sind die neudeutschen Zauberwörter hierfür. Zu einem ganzheitlichen Unternehmenskonzept zählt natürlich weit mehr als Drucksachen, doch auch diese sind wichtig. Für sie gilt: Sie müssen erstens zum Image der Firma und deren Philosophie passen. Zweitens sollten sie dazu beitragen, das gewünschte Erscheinungsbild im Bewusstsein der Öffentlichkeit zu verankern.

Unerlässlich dafür: ein – möglichst sofortiger – Wiedererkennungseffekt. Aus diesem Grund sollten zum Beispiel Briefpapier, Visitenkarten, Faxdeckblätter, Kurznotizen und Liefer- oder Bestellscheine im Design-Zusammenhang mit Werbung, Anzeigen, Katalogen und ähnlichem stehen.
Die dafür am häufigsten gebrauchten Stilmittel: der Einsatz eines Logos und/oder einer immer wiederkehrenden Farbe. Denken Sie bei der Erstellung Ihrer Geschäftsdrucksachen an die Erwartungshaltung Ihrer Kunden. Je traditioneller Ihr Beruf, desto mehr erwarten Kunden eine dementsprechende »seriöse« Aufmachung. Knallfarben und karikaturistische Logos zum Beispiel werden nicht als solche empfunden. Kreativberufe hingegen planen am gewünschten Image vorbei, wenn sie ein zu konservatives Briefpapier wählen.

Unerlässlich, um das Erscheinungsbild im Bewusstsein der Öffentlichkeit zu verankern: ein möglichst sofortiger Wiedererkennungseffekt.

Achten Sie auf die Papierqualität

Unabhängig von der Sparte sind Papierqualität und äußere Aufmachung eines Briefes wichtig. Zu dünnes Papier ist wenig imagefördernd, Papiere zwischen 70 und 110 Gramm (Angabe pro Quadratmeter) sind üblich. Zum Vergleich: Das gängige Kopierpapier hat 80 Gramm. Bedenken Sie bei der Auswahl: Wie häufig kommt es vor, dass Sie mehr als einen Bogen verschicken müssen? Das könnte bei schwerem Papier tiefe Löcher in die Portokasse reißen! Mit zwei Bogen 80-Gramm-Papier plus Umschlag bleiben Sie unter dem Höchstgewicht von 20 Gramm für Standardbriefe.

Verwenden Sie nicht zu dünnes Papier. Es verdirbt den Eindruck selbst eines vorbildlich gestalteten Briefes.

Übrigens: Ein guter erster Eindruck wird gnadenlos zerstört, wenn Sie einen Brief nicht ausreichend frankieren! Das gilt auch für Folgendes: Sie möchten von jemandem beispielsweise eine Information, die nur Ihnen selbst zu Gute kommt. Sie vergessen aber, einen frankierten Antwortumschlag mitzuschicken. Auch solche »Vergesslichkeit« – manchmal steht sogar Absicht dahinter – ist nicht positiv eindrucksfördernd.

Auch das Schriftbild trägt zum Gesamteindruck bei

Das Gleiche gilt auch für Schreiben mit schlechtem Schriftbild. Als solches empfinden heute bereits viele ein »Schreibmaschinenprodukt«. Eine recht intolerante Haltung von PC-Freaks, finde ich. Noch arbeitet nicht jeder Einzelkämpfer oder Ein-

Schreibmaschinen können durchaus ein ordentliches Schriftbild liefern.

Frau-Betrieb mit Computer, und es gibt durchaus Schreibmaschinen, die ein sehr ordentliches Schriftbild liefern.

In einem Fall schließe ich mich aber mit den Schreibmaschinengegnern zusammen: Wenn ein Brief auf einer so alten Maschine geschrieben wurde, dass man ihn von hinten durch Fühlen lesen kann! Es gibt in der Tat solche Produkte: Jeder Punkt, jedes Satzzeichen, jedes *e* ist besser auf der Rückseite zu fühlen als vorne zu lesen. Ja, manchmal geht diese Altertumspflege so weit, dass die *O*'s als Loch erscheinen. Einfach ausgestanzt. Dann kann mit Fug und Recht von einem schlechten Schriftbild gesprochen werden.

Unter diesen Begriff fallen auch zu kleine, verschnörkelte oder zu große PC-Schriften, ebenso eine unübersichtliche Aufteilung des Textes, nicht ausreichende Ränder, ein wilder Schrifttypenmix und ebensolche Hervorhebungen. Wer meint, in einem einzigen Brief alle Kunststückchen seines PCs zur Schau stellen zu müssen, liegt gründlich daneben. Selbst bei einem Werbebrief, der nicht streng an den sonstigen Regeln der normalen Geschäftspost gemessen wird (→ Werbebriefe, S. 246), sollten nicht alle typografischen Möglichkeiten ausprobiert werden.

So bitte nicht:

<u>Unsere Pfingstwerbeaktion der Purzelpreise</u>
Sehr verehrte Damen und Herren,
in diesem Jahr haben wir uns für Sie e i n e e i n m a l i g e S o n d e r a k t i o n ausgedacht! Vom **12. Mai bis zum 31. Mai** bieten wir Ihnen für viele Artikel einen Rabatt an. In dieser Zeit läuft unsere PFINGSTWERBEAKTION DER PURZELPREISE! Nutzen Sie diese Chance, Ihre Bestände aufzufüllen und Reserven anzulegen. Sie können damit auf lange Sicht gesehen nur *gewinnen*. Bitte geben Sie Ihre Bestellung so schnell wie möglich auf. Wir gehen davon aus, dass unsere Lagerbestände, die wir für diese Aktion vorgesehen haben, schnell vergriffen sein werden. Die wirklich <u>einmalig günstigen Sonderpreise</u> entnehmen Sie bitte der beigefügten Preisliste.
Mit verbindlicher Empfehlung
Ihre
ABC und Co. KG
Groß- und Einzelhandel

Zusätzlich zum »Hervorhebungs-Wirrwarr« sind bei diesem Schreiben Anrede, Grüße und einige der Formulierungen nicht empfehlenswert.

So ist es besser:

Unsere Pfingstwerbeaktion der Purzelpreise

Sehr geehrte Frau Muster,

in diesem Jahr haben wir uns für Sie eine einmalige Sonderaktion ausgedacht! Vom

12. Mai bis zum 31. Mai

bieten wir Ihnen für viele Artikel einen Rabatt an. In dieser Zeit läuft unsere

Pfingstwerbeaktion der Purzelpreise!

Nutzen Sie diese Chance, Ihre Bestände aufzufüllen und Reserven anzulegen. Sie können damit auf lange Sicht gesehen nur gewinnen. Bitte geben Sie Ihre Bestellung so schnell wie möglich auf. Wir gehen davon aus, dass unsere für diese Aktion vorgesehenen Lagerbestände schnell vergriffen sein werden. Die wirklich

einmalig günstigen Sonderpreise

entnehmen Sie bitte der mitgeschickten Preisliste.

Mit freundlichen Grüßen

ABC und Co. KG
Groß- und Einzelhandel

Helmut Versandmann

Helmut Versandmann
Leiter Verkauf

Nun sind die Hervorhebungen einheitlich und übersichtlich. Die Anrede ist personalisiert, die Grüße sind modernisiert und vervollständigt sowie zwei Formulierungen geändert.

Hervorhebungen

Es empfiehlt sich, sparsam mit Hervorhebungen im Text umzugehen.

Zugegeben: Es käme wohl kaum jemand auf die Idee, alle Möglichkeiten der Hervorhebung von Textstellen in einen einzigen Brief zu packen. Aber auch weniger kann schon zu viel sein. Für die tägliche Geschäftskorrespondenz sollten Sie am besten ganz auf solche optischen Schnörkel verzichten.
Bei Schreiben, die nicht ganz ohne Hervorhebungen auskommen, empfiehlt sich der sparsame Umgang mit ihnen. Bei Einladungen (s. S. 126 ff.) beispielsweise ist es gut, die wichtigsten Informationen – Titel der Veranstaltung, Ort, Datum, Uhrzeit – optisch so hervorzuheben, dass sie ins Auge springen. Sie bleiben dann besser in Erinnerung und eine eventuelle Verwechslungsgefahr wird verhindert. Entscheiden Sie sich dann möglichst für eine Gestaltungsvariante.

Zur Auswahl stehen: S p e r r e n, VERSALIEN, **fett**, *kursiv*, Unterstreichungen, unterschiedliche Schriftarten. Bedenken Sie dabei, dass gesperrt geschriebene Wörter und solche in Versalien sowie verschiedene Schriftarten am wenigsten lesefreundlich sind.

Absätze

Lesefeindlich sind auch zu lange Absätze. Die moderne Empfehlung: Spätestens nach neun Zeilen einen neuen beginnen. Sie befürchten, das sei nicht immer genug, um einen Gedankengang beenden zu können? Dann greifen Sie zu einem kleinen Trick: Beginnen Sie den nächsten Absatz mit *Außerdem …*, *Darüber hinaus …*, *Abgesehen davon …*, *Zusätzlich …*, *Bedenken Sie bitte ebenfalls …* oder einer ähnlichen Formulierung. So können Sie den Gedanken weiterführen, ohne ein unübersichtliches Schriftbild zu präsentieren.

Auch bei einem Brief entscheiden die ersten Sekunden über den persönlichen Eindruck.

Warum das wichtig ist? Genauso wie bei einem persönlichen ersten Eindruck entscheiden auch bei einem Brief Sekunden über »Wohl oder Wehe«. Der erste Blick soll die Lust zum Lesen wecken, und wer hat schon Vergnügen daran, sich durch eine Bleiwüste zu kämpfen? Deshalb sind zusätzlich zu einem gut gegliederten Text auch ausreichende Freiräume an den Rändern wichtig.

Seitenränder und Schriftformatierungen

Bei allen streng nach DIN-Normen geschriebenen Geschäftsbriefen regelt diese Vorschrift auch das *Randproblem* (→ *Das passende Outfit für Ihren Brief*, S. 21–26). Bei davon unabhängigen Schreiben haben Sie einen größeren Spielraum. Trotzdem sollten Sie mindestens 2,5 cm Abstand vom Beginn Ihrer Zeile zum linken Rand und rechts in etwa den gleichen Platz lassen.
Blocksatz ist für moderne Korrespondenz »out«, der linksbündige Flattersatz hat sich durchgesetzt. Bei mit dem PC erstellten Schreiben sollten Sie für den Fließtext eine Schriftgröße zwischen neun und zwölf Punkt wählen.

Achten Sie auf die Schriftgröße. Schriften unter sechs Punkt sind nicht mehr gut lesbar.

Andere Angaben wie Logo, Firmennamen, Bankverbindungen, Leitwörter oder Rechtsformen können diesen Richtwert auch unter- oder überschreiten. Es ist zum Beispiel üblich, für Zweitbogen eine kleinere Schrift zu wählen. Sowohl eine Fuß- oder Kopfzeile wie: *Seite zwei zu Brief vom* ... als auch ein feststehender Vordruck, der sich auf wenige Firmenangaben bezieht, muss nicht in der sonstigen Schriftgröße Platz fressen. Bedenken Sie dabei aber bitte, dass Schriften unter sechs Punkt für viele Menschen nur noch mit der Lupe lesbar sind. Ebenso, dass größere als zwölf Punkt auf einem Briefbogen leicht aufdringlich wirken können. Beides fördert einen guten ersten Eindruck nicht.

Ausnahme: der handgeschriebene Brief

Ein handschriftlich verfasster Brief ist die persönlichste Form der schriftlichen Kommunikation.

Sehr wohl einen guten Eindruck hervorrufen kann aber eine ganz besondere Schrift: die echte, eigene Handschrift. Hat schon der Brief an sich wieder einen hohen Stellenwert (→ S. 11), bekommt ein handschriftlich verfasster ganz besondere Bedeutung. Er ist die persönlichste Form der schriftlichen Kommunikation und zeigt: Da hat sich jemand erhebliche Mühe gegeben und außergewöhnlich viel Zeit investiert. Für private Briefe ist er nach wie vor die optimale Form. Je mehr Menschen dazu übergehen, auch ihre private Korrespondenz als PC-Produkte zu verschicken, umso herausragender ist der Eindruck, den ein handgeschriebener Brief hinterlässt.
Es gibt nur einen Grund, ihn nicht zu empfehlen: Wenn jemand wirklich eine »Sauklaue« hat. Dann ist es wenig nett, anderen mit dem Entziffern eines solchen Textes *Rätselspaß* – also Rate-

stress – zu bereiten. Wer aus diesem Grund auch private Briefe mit Hilfe von PC oder Schreibmaschine erledigt, sollte eines wissen: Die Anrede und die Grußformel werden in diesem Fall handschriftlich eingesetzt. Das stellt den Unterschied zu einem Geschäftsbrief dar. Dies gilt auch für persönliche Briefe im geschäftlichen Bereich, zum Beispiel bei Glückwünschen, persönlichen Einladungen, Danksagungen und Jahresgrüßen.
Alle solche Schreiben können Sie auch im Beruf handschriftlich verfassen. Ja, Sie können nicht nur, Sie sollten es sogar – soweit es Ihr Zeitbudget zulässt. Eine solche individuelle Zuwendung fällt höchst positiv aus dem Rahmen. Das vertieft bestehende Geschäftsverbindungen und hilft, neue aufzubauen.

Kondolenzbriefe sollten nach Möglichkeit handschriftlich verfasst werden.

Bei der Frage: *Handschriftlich oder nicht?* nimmt ein Kondolenzbrief eine Sonderstellung ein. Bei einem privaten Beileidsschreiben sollten Sie auf PC oder Schreibmaschine ganz verzichten. Im geschäftlichen Bereich ist unter relativ Fremden der PC-erstellte Kondolenzbrief eher möglich. Er wird aber auf jeden Fall mit handschriftlicher Anrede und ebensolchen Grüßen versehen (→ Kondolenzbriefe, S. 184–197).

Das passende Outfit für Ihren Brief

»Krawattenzwang« laut DIN-Regel oder »legere Kleidung« erlaubt?

Wie soll ich denn mit DIN-Regeln Mut zum persönlichen Stil entwickeln?, werden Sie vielleicht jetzt fragen. DIN 5008, DIN 676 und wer weiß wie viele noch? Das klingt nach Normierung, Vereinheitlichung und Uniform. Das stimmt zweifellos: Genau das ist Sinn und Zweck der »DIN-Familie«. Darüber hinaus kommt aber auch ein starker Beigeschmack von Einengung, starrem Korsett und »Kreativitätsverbot« auf. Doch das ist so global nicht richtig. Betrachten Sie beispielsweise die DIN 676.

Die DIN 676

Die DIN 676 enthält unter anderem Vorgaben für die Gestaltung des Briefpapiers.

Sie enthält unter anderem genaue Richtlinien für die Gestaltung des Briefpapiers. Dabei geht es um die Positionierung bestimmter Angaben, zum Beispiel: wie groß das Feld für den Briefkopf ist und wo das Anschriftenfeld beginnt. An diese Vorgaben halten sich unter anderem die Hersteller von Fensterbriefumschlägen. Gäbe es die Norm nicht, würden in der Praxis unnötige Probleme entstehen. Stellen Sie sich bitte vor, Sie hätten einen Stapel Briefe fertig. Beim »Eintüten« erst bemerken Sie, dass Ihr Adressfeld und das Fenster im Umschlag nicht übereinstimmen: eine Zeit raubende und kostspielige Panne!
Normen müssen also nicht zwingend etwas Negatives sein, schon gar nicht, wenn Spielraum für persönliche Variationen bleibt. Die DIN 676 schreibt beispielsweise nicht vor, wie Ihr Briefkopf aussehen soll. Auch bietet sie dafür zwei Größenordnungen an: die Normalbriefnorm und die Sparbriefnorm. Letztere hat leider nichts mit dem Bankpapier und der Zinsausschüttung zu tun. Sie bietet aber eine andere Rendite: mehr Platz für den eigentlichen Text, weil der Briefkopf kleiner ist.

Niemand wird gezwungen, sich an die DIN-Regeln zu halten.

Niemand zwingt Sie, sich überhaupt an die DIN 676 zu halten. Bei der Gestaltung privater Briefbogen brauchen Sie nicht einmal zu wissen, dass es sie gibt. Auch im Geschäftsbereich gibt es kein Muss, die DIN 676 zu beachten. Die Frage, ob ein nicht DIN-gerechter Briefbogen zum Image eines Unternehmens passt, muss allerdings mit Überlegung beantwortet werden. Darüber hinaus wird sich schon ein mittleres Unternehmen die Kosten- und Zeitprobleme nicht leisten können, die eine Bearbeitung nicht normgerechter Briefe verursacht. Kleine Firmen, die typischen Einzelkämpfer- und Ein-Frau-Betriebe sowie kreative Berufsgruppen durchbrechen oft absichtlich die Standards. Sie müssen dabei allerdings in Kauf nehmen, dass eine Zeit- und Kosten sparende maschinelle Massenerstellung erschwert wird.

Auch in Großunternehmen gibt es Gelegenheiten, zu denen sich normgerechtes Briefpapier nicht eignet. Für Glückwunschbriefe und – besonders wichtig! – für Kondolenzschreiben sollten Sie Ihr übliches Geschäftspapier nicht wählen. Für solche Anlässe eignen sich sogenannte *Repräsentationsbogen*. Sie verzichten auf alle sonst üblichen oder notwendigen Geschäftsangaben wie Bezugszeichenzeile, Bankverbindungen, Handelsregisternummer, Gerichtsstand, alle Namen der Geschäftsführer einer GmbH und Ähnliches. Die Angaben für solches Repräsentationspapier beschränken sich in der Regel auf den Firmennamen, gegebenenfalls inklusive Logo, sowie den Namen und allenfalls die Funktion der oder des Unterzeichnenden. Solche Briefe haben einen ausgesprochen persönlichen Charakter und sind, genauso wie Privatschreiben, nicht an DIN-Regeln gebunden. Also auch nicht an die DIN 5008.

Die DIN 5008

Die DIN 5008 regelt die Beschriftung eines Briefbogens.

Diese regelt die *Uniform* der Beschriftung eines Briefbogens. Auch sie hat im beruflichen Tagesgeschäft Vorteile – genauso wie uniformierte Kleidung in bestimmten Berufsgruppen. Wenn jeder Brief, der aus einem Unternehmen kommt, das gleiche Outfit hat, stärkt das die Corporate-identity-Idee. Ein weiterer Vorzug: Neue oder vertretende Mitarbeiter/-innen können ohne lange Erklärungen haus- oder abteilungsinterner Besonderheiten sofort losschreiben. Jede/r in einem einschlägigen Beruf hat die Schreib- und Gestaltungsregeln für die Textverarbeitung gelernt (wenn auch manchmal zähneknirschend).

Auf diesen Stand der Dinge sollte aber niemand vertrauen.

Auch DIN-Regeln sind einem Wandel unterworfen. Es ist das Sinnvollste, die jeweils aktuelle Fassung griffbereit zu haben. Die letzte große Überarbeitung der DIN 5008 brachte zum Beispiel an internationale Gepflogenheiten angelehnte, neue Schreibweisen des Datums.

Die neuen Schreibweisen des Datums

Wie das Datum nach der letzten Überarbeitung der DIN 5008 richtig geschrieben wird, ist noch längst nicht allgemein bekannt.

Diese haben sich noch längst nicht überall bekannt gemacht. So ist die *numerische Schreibweise* immer noch relativ selten zu sehen. Dabei wird das Datum in der Reihenfolge Jahr-Monat-Tag geschrieben und mit Mittelstrich gegliedert. Tag und Monat werden dabei zweistellig angegeben. Also: 2002-12-04 oder 2002-02-28. Auch die Möglichkeit: 02-10-30, also die Jahreszahl auf zwei Stellen zu verkürzen, wird angeboten. Dass die *alphanumerische Schreibweise* laut dieser Änderung keine zweistellige Tagesangabe hat, ist auch noch nicht flächendeckend bekannt. Die DIN-gerechten Schreibweisen lauten wie folgt: *3. September 2002* oder *3. Sept. 2002*, also mit abgekürztem Monatsnamen. Nicht aber: *03. September 2002*. In Privatbriefen können Sie die Datumsangabe »anti-DIN-mäßig« variieren. Beispielsweise: *Zum Jahreswechsel 2002/2003*, *Zu Eurer Hochzeit*, *Zum Geburtstag 2002* oder *Weihnachten 2002*. Die zuletzt genannte Fassung oder *Im Dezember 2002* können Sie auch in einem Weihnachtsbrief im geschäftlichen Bereich verwenden. Solche Schreiben sind ebenfalls nicht an DIN-Regeln gebunden.

Weitere Gestaltungselemente und die Regeln für das Anschriftenfeld

Kreativität ist gefragt, wenn die Adresse für das DIN-gerechte Anschriftenfeld zu lang ist.

Für die »normalen« Geschäftsbriefe ist ein weiteres wichtiges Element für das einheitliche Bild auch dies: der immer gleichmäßige Zeilenabstand zwischen verschiedenen Positionen wie Betreff, Anrede, Textbeginn und weiteren notwendigen Angaben. Ebenso ist das Anschriftenfeld – passend zur DIN 676 – auf neun Zeilen festgelegt. Beides ist einfach zu merken. Beide Punkte zeigen aber auch die Grenzen der *DIN-Hörigkeit* auf. Beim Anschriftenfeld haben die Beispiel-Verfasser im DIN-Heft offensichtlich noch nie die folgende Schwierigkeit kennen gelernt: langer Firmenname, mehrere Titel, Doppelname.

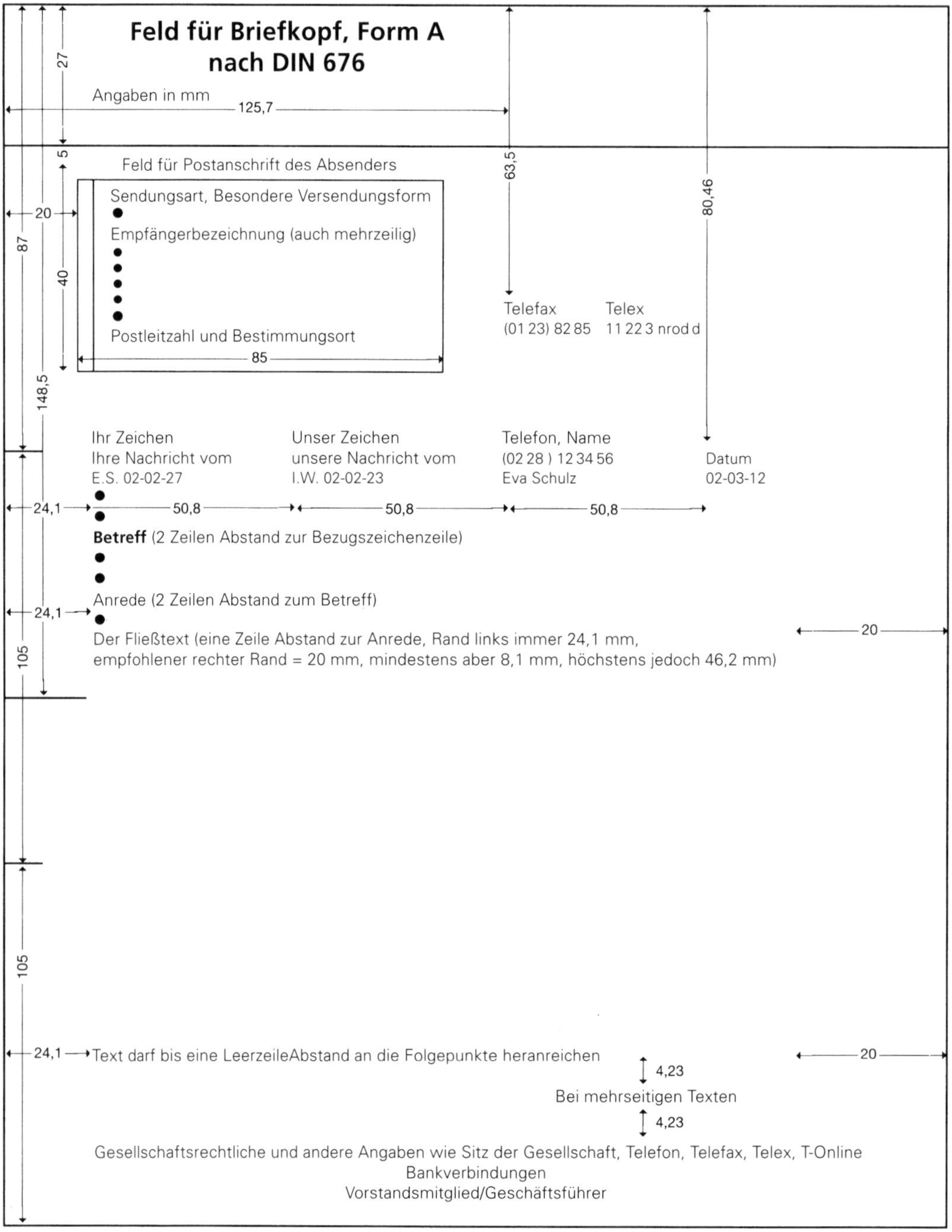

Briefblatt nach DIN 676 – Formblatt A mit den entsprechenden Angaben der DIN 5008

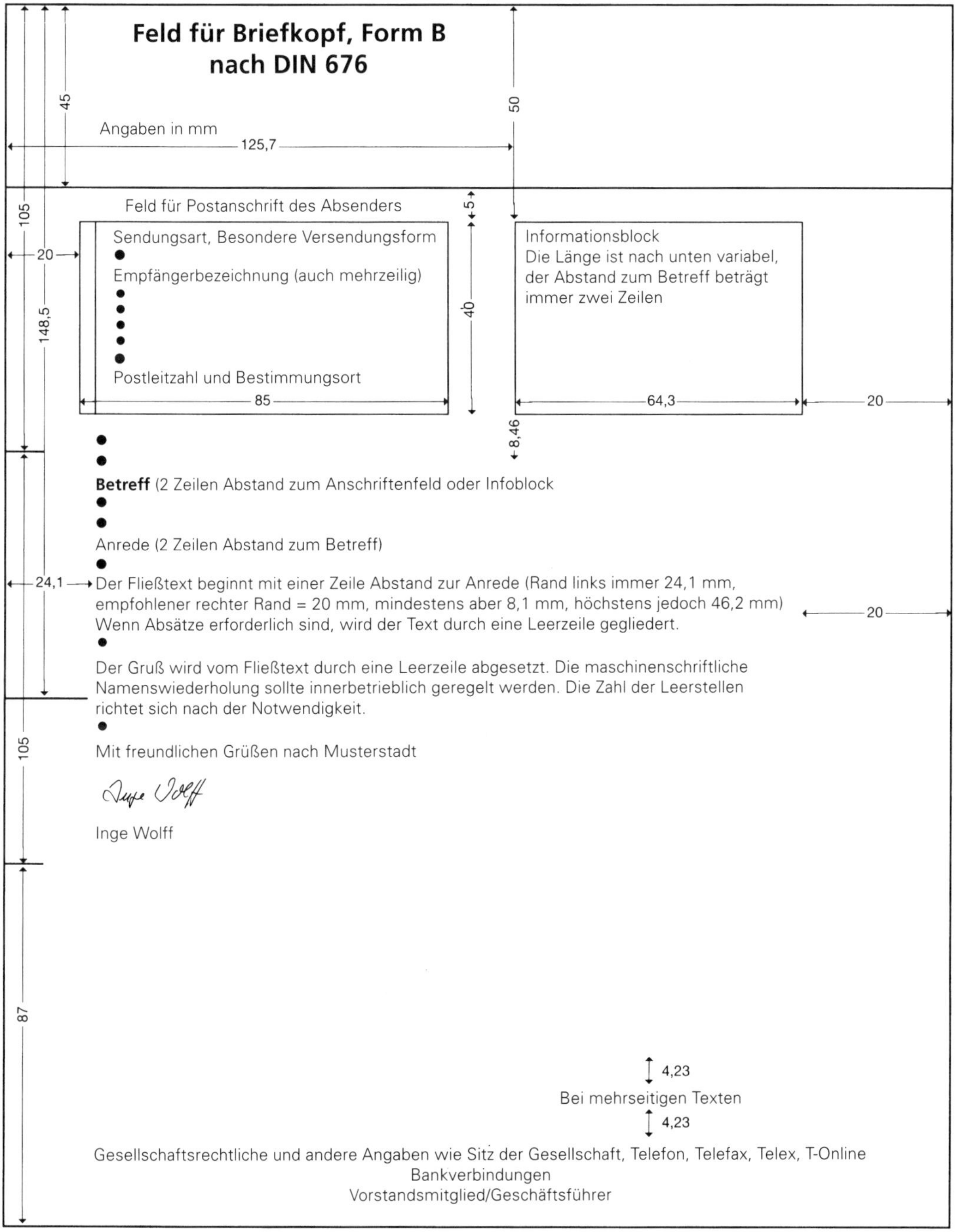

Briefblatt nach DIN 676 – Formblatt B mit den entsprechenden Angaben der DIN 5008

Stellen Sie sich bitte vor, Sie müssten folgende Anschrift unterbringen:

> Berufsförderungsakademie für Finanzwirtschaft und Informationstechnologie
> des Landes Baden-Württemberg,
> Herrn Professor Dr. Dr. Gerhard-William Wittland-Hinrichsberg

Da hilft nur eins: Vergessen Sie die DIN – entwickeln Sie Mut zum eigenen Stil und werden Sie kreativ. Der Tipp: Kürzen Sie so wenig wie möglich ab. Nutzen Sie lieber die eigentlich nicht für den Empfängernamen vorgesehenen ersten Zeilen des Anschriftenfeldes.

Gezielt eingesetzt, können Abkürzungen zwar helfen, doch besser ist es, sämtliche Zeilen des Anschriftenfeldes auszunutzen.

Bei dem »Ungetüm«, das ich eben als Beispiel gewählt habe, werden Sie trotzdem ohne Abkürzungen nicht auskommen. Am ungeeignetsten dafür ist der Hausname der angeschriebenen Person. Die Vornamen können schon eher geopfert werden. Auch der Prof. wird in diesem Fall wohl dran glauben müssen, obwohl ein Professorentitel, wenn eben möglich, nicht abgekürzt werden sollte. Eine andere Alternative: Lassen Sie *des Landes Baden-Württemberg* weg. Dieser Zusatz kann am ehesten fehlen, ohne dass es Zustellschwierigkeiten gibt.

Auch zu wenig Brieftext bereitet Probleme.

Beim DIN-gerechten Zeilenabstand bekommen Sie in entgegengesetzter Richtung ein Problem: Wenn Sie sehr wenig Text haben. Auch ein solches Muster verschweigt der Beispielteil im Anhang der DIN-Anleitung. Doch Sie kennen das bestimmt: eine kurze Nachricht, nur zwei bis drei Zeilen, häufig zu finden bei Aktennotizen. Halten Sie sich dann an die DIN-Regeln, ist mindestens der halbe Briefbogen leer. Es sieht ansprechender aus, wenn Sie die wenigen Zeilen etwas mehr in die Mitte setzen – Zeilenabstand hin oder her. Natürlich ist das persönliche Geschmacksache. Aber ein Regelverstoß kann es schon deshalb nicht sein: Wenn die DIN 5008 nichts zu dem Problem sagt, kann eine individuelle, kreative Lösung auch nicht gegen eine Regel verstoßen.

Jeder Brief braucht seinen Mantel – auch im Sommer

Wie Sie bereits mit dem Umschlag den ersten guten Eindruck sichern

Denken Sie eventuell: Der Briefumschlag fliegt ja doch in den Papierkorb, warum soll ich mir damit Mühe geben? Ein solch impulsiver Gedankengang ist nachvollziehbar, aber etwas leichtsinnig. Bevor Ihr eigentlicher Brief überhaupt die Chance auf seinen ersten Eindruck bekommt, bewirkt der Umschlag bereits eine Grundstimmung. Er kann auf Anhieb Freude erwecken oder Neugier, er kann aber auch Ablehnung, Desinteresse, Zweifel, Unmut oder gar Ärger hervorrufen. Und dann läuft das Folgende ab wie bei einem Gespräch: Ist der Einstieg verpatzt, wird es viel schwieriger, ein angenehmes Gespräch zu führen, als wenn die Grundstimmung bereits positiv ist.

Ein gut gestalteter Briefumschlag kann Neugier auf den Inhalt wecken.

Sorgen Sie deshalb mit einem rundum perfekten Briefumschlag dafür, dass Ihr Brief das richtige »Entree« bekommt. Verstimmung über einen Briefumschlag kann unter Umständen zu so großem Ärger führen, dass Ihr Brief gar nicht mehr gelesen wird. Sie meinen, das sei übertrieben? Hier ein Beispiel, dass dies nicht der Fall ist. Vor kurzem erzählte mir eine Freundin Folgendes: Sie hatte einen Brief bekommen mit der Anschrift: Frau Peter Schulz. Sie fand diese Adresse so unverschämt, dass sie den Brief ungeöffnet in den Papierkorb beförderte. Ehrlich gab sie allerdings zu: *Er sah sowieso nach Werbung aus.* Voraussichtlich hätte sie anders reagiert, wenn dies nicht der Fall gewesen wäre. Trotzdem bleibt diese Episode ein eindrucksvolles Exempel dafür, welche negativen Folgen eine falsche, altmodische oder unvollständige Adresse haben kann.

Was gehört alles zu einer vollständigen Adresse?

Wichtig: Achten Sie auf den korrekt geschriebenen Namen des Adressaten.

Nicht nur für Werbebriefe gilt: Anschriften sollten immer den korrekten Namen des Adressaten enthalten, und zwar bei Frauen wie bei Männern. Niemand käme auf die Idee, einen Mann mit dem Vornamen seiner Frau anzuschreiben. Die Umkehrung aber, wie im Beispiel geschildert, gibt es vereinzelt immer noch. Diese Form ist jedoch die verstaubteste Sitte, die es gibt. Nach modernen Gesichtspunkten fällt sie unter »tabu«. Fast alle Frauen ärgert es, wenn sie den Vornamen des Mannes übergestülpt bekommen und somit als nicht existent erscheinen. Auch als Anhängsel möchten sie sich nicht auf einem Umschlag sehen. Deshalb ist auch eine immer noch sehr weit verbreitete Adresse nicht mehr empfehlenswert: *Herrn Dirk Beispiel und Frau*. Obwohl dies schon die modernisierte Variante von *und Gemahlin* oder *und Gattin* ist – beides gilt als absolut »out«! –, bleibt die Person dabei anonym.

Schreiben Sie bei einer Adresse für ein Ehepaar beide mit Vor- und Zunamen an.

Modern und korrekt ist, bei einer Adresse für ein (Ehe-)Paar beide mit Vor- und Zunamen anzuschreiben. Dafür gibt es mehrere Möglichkeiten: *Herrn und Frau Dirk und Sabine Muster* oder *Herrn Dirk Muster, Frau Sabine Muster* sind die international am meisten gebrauchten Formen. Es ist ebenso möglich, den Namen der Frau voranzustellen: *Frau und Herrn Sabine und Dirk Muster* oder wieder beide getrennt: *Frau Sabine Muster, Herrn Dirk Muster*. Diese Reihenfolge gilt in Deutschland als die höflichste.
Die Zusammenziehung, bei der ein Zuname nur einmal auftaucht, eignet sich nicht immer. Sie ist nicht praktikabel, wenn eine/r einen Doppelnamen oder einen Titel trägt. Dann sieht die perfekte Anschrift beispielsweise so aus: *Frau Katharina Meier-Langenscheid, Herrn Manfred Langenscheid, Frau Dr. Isabelle Meinert, Herrn Johannes Meinert* oder *Herrn Dr. Jochen Kleist, Frau Professorin Dr. Sybille Kleist*. Die Reihenfolge hat dabei nichts mit eventuellen Titeln zu tun. Wenn Sie die Frau voranstellen wollen, ist das die Höflichkeitsentscheidung.

In der Anschrift sollten sämtliche Titel der Empfänger genannt werden.

Darunter fällt nicht die Tatsache, dass in einer Adresse Titel auftauchen sollen. In der Anschrift werden sie immer genannt. Hat jemand mehrere, müssen sogar alle auftauchen (→ *Sehr geehrte Frau Gräfin – Lieber Herr Papst*, S. 45 – 50).

Überflüssige Zusätze

Sparen Sie überflüssige Zusätze wie *An das ...* bei den Adressen ein.

Dagegen können Sie folgende unverständlicherweise immer noch weit verbreitete Zusätze bei Adressen sparen: *An den ..., An die ..., An das ..., An ..., z. H.* und in vielen Fällen *Firma*. Sie sind im geschäftlichen wie im privaten Schriftverkehr antiquiert und überflüssig. Das gilt sowohl für Ämter oder Institutionen als auch für Personen, selbst wenn sie höchste Staatsämter bekleiden. Also zum Beispiel nicht: *An Frau Silke Weiß*, sondern nur *Frau Silke Weiß*. Nicht *An das Finanzamt Beispielstadt, An die XYZ-Bank, An den Präsidenten des ...* oder *An das Institut für ...*, sondern nur *Finanzamt Beispielstadt, XYZ-Bank, Präsidenten des ...* oder *Institut für ...*

Das leidige »z. H.«

Ist Ihnen schon einmal ein Brief zu Füßen gelegt worden?

Folgt einer Amts-, Institutions- oder Firmenbezeichnung ein Name, scheint das *z. H.* davor unausrottbar. Obwohl seit Jahren auch dieser Zusatz mehr und mehr als negativ verschrien ist. Praktiker berufen sich auf die Überflüssigkeit: *Schon wieder einige Anschläge gespart.* Ironiker sagen: *Was soll das z. H.? Es ist doch sowieso klar, dass der Brief nicht jemandem zu Füßen gelegt werden soll.* Modern und richtig ist: *Institut für ... Herrn Manfred Schnelle* beispielsweise, also ohne *An das* und *z. H.* (*z. Hd.* oder *z. Hdn.* ist noch altmodischer).

Anschriften für Firmen

Auch der Zusatz *Firma* kann unter bestimmten Voraussetzungen entfallen.

Die zeitgemäße Anschrift für eine Firma sieht zum Beispiel so aus: *Schulze GmbH & Co. KG.* Weder *Firma* ausgeschrieben oder *Fa.* abgekürzt noch *An die Firma* wird davorgesetzt. Voraussetzung: Es geht aus dem Firmennamen eindeutig hervor, dass es sich um eine solche handelt. Ist dies nicht der Fall, wird der Zusatz *Firma* ohne *An die* und nicht abgekürzt verwendet. Also schlicht *Firma Heinz Temme*, wenn eine eindeutige Unternehmensbezeichnung fehlt. Hätte *Heinz Temme* einen Zusatz, beispielsweise *Holzgroßhandlung* oder *Im- und Export*, ist *Firma* wieder genauso überflüssig wie bei allen Rechtsformen.

Wer will schon *Fräulein* heißen?

Ebenso »out« ist die Anschrift *Fräulein*. Da diese Bezeichnung auch im Sprachgebrauch nicht mehr adäquat ist, entfällt sie ebenfalls im Schriftverkehr. Nur auf ausdrücklichen persönlichen Wunsch wird eine Frau so angesprochen, somit dann auch so angeschrieben. Doch diese Fälle sind selten.
Weit häufiger stellt sich in diesem Zusammenhang die Frage: *Wie gestalte ich denn nun die Adresse für ein junges Mädchen? Ich kann doch schlecht zum Beispiel eine 13-jährige mit »Frau« anschreiben!* Sehr richtig. Teenies finden das in der Regel »voll doof«. Die Lösung: Für Jugendliche und Kinder reichen Vor- und Zuname ohne *Frau, Fräulein* oder *Herr*. Ebenso ist die Bezeichnung *Schüler/in* vor dem Namen nicht mehr zeitgemäß. Doppelt altbacken ist also: *An die Schülerin* ... (... *den Schüler*).

Ebenfalls veraltet: die *Eheleute*

Verzichten Sie auf den Ausdruck *Eheleute*.

Auch der Ausdruck *Eheleute* für ein Paar ist verzopft. Er fällt unter *Bürokratendeutsch* und wird, wenn überhaupt, nur dementsprechenden Absendern verziehen. In der modernen Korrespondenz sollten Sie darauf verzichten, ganz gleich, welcher Berufsgruppe Sie angehören. Auch Briefe aus Rechtsanwaltskanzleien oder Steuerbüros beispielsweise wirken ohne das *Eheleute* ansprechender und zeitgemäßer.

Wann sind Fensterhüllen angebracht?

Apropos ansprechender: Nicht allein die korrekte und moderne Adresse ist ausschlaggebend dafür, ob der Mantel Ihres Briefes gut ankommt. Sie sollten sich bei bestimmten Gelegenheiten überlegen, ob das normale »Geschäftsoutfit« angebracht ist. In der täglichen, normalen Firmenkorrespondenz sind Fensterhüllen und Adressaufkleber gang und gäbe. Dagegen ist nichts zu sagen – im Gegenteil: In Verbindung mit modernen Erstellungsmöglichkeiten und DIN-gerechten Schreiben für Fensterhüllen sind sie eine große Arbeitshilfe.

Nicht für jeden Anlass eignet sich ein Fensterbriefumschlag.

Es gibt aber bestimmte Briefe, für die sich das »Alltagskleid« nicht eignet. Da ist an erster Stelle ein Kondolenzbrief zu nennen. Ein solches Schreiben sollten Sie weder in einem Fensterumschlag noch in einem Umschlag mit Aufkleber verschicken (→ Kondolenzbriefe, S. 184 ff.). Auch für Glückwunschbriefe und offizielle Einladungen eignet sich diese Versandform nicht. Haben Sie Schwierigkeiten mit dem Bedrucken eines normalen Umschlags beziehungsweise erfüllt Ihr Drucker diese Aufgabe nicht perfekt? Hier der Ausweg: eine handschriftliche Adresse. Sie ist in solchen Fällen auch in geschäftlichen Konstellationen eine bessere Lösung als eine der anderen Umschlagformen.

Die gute alte Briefmarke

Auch Briefmarken sind ein wichtiges Element der Umschlaggestaltung.

Ebenfalls wichtig: Eine Briefmarke sollten Sie für Beileidsschreiben immer zur Hand haben (→ Kondolenzbriefe, S. 184 ff.). Das ist für Glückwünsche und besondere Einladungen genauso empfehlenswert. Auch solche Briefe sollten sich aus der täglichen Geschäftspost herausheben. Dazu trägt ein *normaler* Umschlag genauso bei wie eine Briefmarke, Sondermarken sind zusätzliche *Eyecatcher*. Die Post bietet eine zunehmend reichhaltigere Auswahl an schön gestalteten Briefmarken an. Achten Sie dabei aber auf das Thema und die Gestaltung des Wertzeichens: Manche haben unübersehbare Signalwirkung. Eine Marke mit auffälligem Text *Mehr Sicherheit für Kinder* auf einem Kondolenzbrief an jemanden, der sein Kind bei einem

Verkehrsunfall verlor? Oder einige unübersehbare schwarze Kreuze auf einer Sondermarke zum Totengedenken auf einem Glückwunsch zur Geburt oder Hochzeit? Solche Unüberlegtheiten können *ins Auge gehen*! Widmen Sie allen diesen – zu Unrecht als unwichtige Kleinigkeiten bezeichneten – Einzelheiten genauso viel Aufmerksamkeit wie Ihrem Briefstil.

Die vier Zonen des Briefumschlags

Halten Sie die Einteilung des Umschlags in die vier Zonen ein, um die Zustellung nicht zu verzögern.

Und, last but not least, achten Sie auch auf die richtige Gestaltung eines Briefumschlags. Sie tun damit nicht nur der Post, sondern hauptsächlich sich selbst einen Gefallen. Wird die Einteilung eines Umschlags in die vier wichtigen Zonen nicht eingehalten, verlängert das eventuell die Postlaufzeit. Steht beispielsweise die Absenderangabe unten links, kann folgendes passieren: Die Maschine »liest« und identifiziert diese Angabe als Empfänger. Sie bekommen somit unter Umständen Ihren Brief wieder zurück.

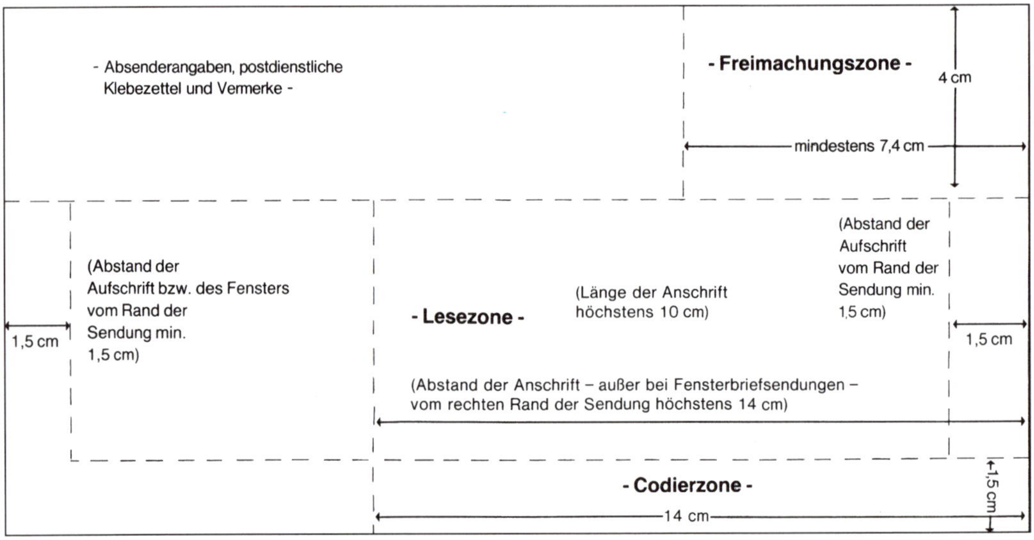

Doch nicht nur die falsche Positionierung der Angaben kann die Zustellung verzögern. Bei allen nicht voll maschinenlesbaren Anschriften sollten Sie vorsichtshalber nicht hierauf vertrauen: dass Ihr Schreiben am nächsten Tag sein Ziel erreicht. Die Post kann dieses Versprechen nur halten, wenn keine zusätzliche »Menschenarbeit« anfällt. Die wird aber zum Beispiel bei einer handschriftlichen Adresse nötig. Kalkulieren Sie dann also etwas mehr Zeit bis zur Ankunft Ihres Briefes ein.

Wer darf Ihren Brief öffnen?

Berücksichtigen Sie bei der Adresse auch diesen Punkt: Wer soll Ihren Brief öffnen dürfen? Ausschlaggebend dafür ist beispielsweise die Reihenfolge. Steht bei Geschäftspost zuerst die Firma und danach der Name einer Person, bedeutet dies: Jede/r andere im Unternehmen darf den Brief genauso öffnen wie die namentlich genannte Person. Das verhindert auch weder ein *z. H.* (schon wieder ein Grund, darauf verzichten zu können) noch etwa das *c/o*.

Vermeiden Sie das c/o.

Letzteres sollten Sie im deutschen Sprachraum sowieso nicht verwenden. Erstens deswegen: Es fällt unter unhöfliche, weil nicht allgemein gebräuchliche ausländische Abkürzungen (→ *a. s. a. p. – antworte schnell auf polnisch?*, S. 71–73); zweitens, weil es als Ersatz für z. H. schlicht falsch ist. Die Übersetzung von c/o – care of – ist *bei, per Adresse* oder *im Hause*. Die Adresse *Klinger GmbH, c/o Gudrun Marten* bedeutet also: Die Klinger GmbH ist bei oder im Hause von Gudrun Marten. Wenn überhaupt, ist nur die andere Reihenfolge korrekt: *Frau Gudrun Marten c/o Klinger GmbH.*

Nur ein *persönlich* sichert ab, dass ausschließlich der Empfänger den Brief öffnen darf.

Das Voranstellen des Namens eines Empfängers bedeutet, dass nur dieser den Brief öffnen darf. Dies ist aber ein *Höflichkeitsrecht*. Abgesichert im wirklichen Rechtssinn ist diese Empfängerbestimmung nicht eindeutig. Kommentare zum § 202 StGB sagen über die Verletzung des Briefgeheimnisses nichts zur Reihenfolge der Namensnennung. Im Zweifelsfall könnten Juristen aus dieser Frage demnach eine Staatsaffäre machen. Die einzige eindeutige Auslegung: Die Empfängerverfügung *persönlich* bedeutet, dass niemand anders einen Brief öffnen darf. Das Briefgeheimnis – im Artikel 10 des Grundgesetzes verankert – gilt zum Beispiel auch für *Ehegatten* (O-Ton § 202, bitte nicht als Anschrift verwenden!). Das altmodische *Eheleute* bedeutet also, dass beide den Brief öffnen dürfen. Die doppelte Namensnennung als moderne Form hat denselben Effekt.
Wählen Sie *Familie*, geben Sie auch den Kindern die Erlaubnis, einen Brief zu öffnen. Eine solche Adresse ist ebenfalls nicht mehr ganz zeitgemäß: Schließlich werden dabei alle »eingemeindet«, wenn dort *Familie Wilhelm Altbacken* steht. Verwenden Sie *Familie* nur in den Fällen, bei denen Sie wirklich keine Vornamen in Erfahrung bringen können. Dann ist die Notlösung *Familie Altbacken*. Die moderne Form: *Frau und Herrn Gisela und Wolfgang Schmidt, Judith und Julia Schmidt.*

Das Brief-Lego-Spiel

Welche Bausteine Sie für den Textaufbau brauchen

Würden Sie, falls Sie ein Spielzeughaus bauen wollten, darüber nachdenken, ob das Dach nach unten oder oben gehört? Wohl kaum. Wohin aber mit den Fenstern und Türen? Und wie viele Stockwerke soll es bekommen? Das liefert Stoff zum Nachdenken und erweckt die Kreativität.

Bezug, Betreff, Datum, Anlagen: Wann sind welche Briefbausteine angebracht?

Genauso ist es bei einem Brief. Dass die Anrede an den Anfang gesetzt wird und die Grüße an den Schluss kommen, ist klar – und dass dazwischen irgendein Text steht, auch. Aber was ist mit den vielen anderen möglichen Bausteinen: Anschriftenfeld, Bezug, Betreff, Datum, Anlagen, Verteilervermerk, PS – sind alle diese Angaben unbedingt nötig?
Die Frage ist nicht mit einem einfachen Ja oder Nein zu beantworten. Auch nicht mit einem erweiterten, globalen: im geschäftlichen Bereich ja, im privaten nein. Und dies nicht nur, weil es zu viele unterschiedliche Briefarten gibt. Auch die Auswahl des Briefpapiers spielt für gewisse Details eine Rolle. Das beginnt bereits bei der Absenderangabe.

Die Absenderangabe

Bei Privatbriefen reicht oft die Absenderangabe auf dem Umschlag.

Bei Privatbriefen reicht diese in vielen Fällen auf dem Umschlag. Zum Beispiel in so vertrauten Beziehungen, wo allein die Unterschrift *Deine Inge* Verwechslungen oder die Suche nach der Anschrift für eine Antwort ausschließt. Bei gedrucktem persönlichem Briefpapier ist die Angabe des Absenders genauso vorhanden wie bei einem Geschäftsbogen. Dann erübrigt sich ein »Doppel« über dem Adressfeld. Dies kann bei privater Post ebenfalls fehlen.
Es ist hingegen notwendig, wenn Sie Geschäftspost im Fensterumschlag verschicken wollen. Entscheiden Sie sich jedoch für

einen anderen Umschlag, gibt es für das Anschriftenfeld auch im beruflichen Bereich kein Muss.

Ein Beispiel:
Der Inhaber einer Werbeagentur schickt mit seiner Honorarrechnung einen Begleitbrief an einen gut bekannten Ansprechpartner. Darin dankt er ihm für die wieder einmal angenehme Zusammenarbeit und die hervorragende Organisation einer Fotosession in seinem Haus. Dieses Begleitschreiben wird mit der Rechnung, die selbstverständlich die korrekte Geschäftsadresse enthält, in einem normalen Umschlag verschickt. Dann ist ein Anschriftenfeld nicht unbedingt nötig.

Eine Faustregel: Je persönlicher der Charakter eines Briefes, desto eher ohne Anschriftenfeld. Das gilt zum Beispiel auch für Glückwunsch- und Kondolenzbriefe im Geschäftsbereich. Sie werden sowieso nicht im Fensterumschlag verschickt. Bei privater Post ist das genauso. Dort brauchen Sie sich auch keine Gedanken über die Bezugszeichenzeile zu machen.

Je persönlicher der Charakter eines Briefes, desto eher können Sie auf das Anschriftenfeld verzichten.

Die Bezugszeichenzeile

In einem privaten Brief gibt es sie offiziell nicht. Sie könnte allenfalls als Gag eingebaut werden. Vorausgesetzt, es ist sichergestellt, dass der Witz auch richtig ankommt: *Dein Zeichen/Deine Nachricht* = ♥ *Kuss. Mein Zeichen, meine Antwort* = ♥ ♥ ♥/*Kuss Kuss Kuss*. Doch Vorsicht: Solche Liebesbriefe sind nicht jedermanns und -frau Geschmack.
Auch bei Geschäftsbriefen entsprechen Bezugszeichenzeilen längst nicht mehr dem allgemeinen Gusto. Sie kommen mehr und mehr aus der Mode. Ausnahmen: Bei Behörden und Versicherungsgesellschaften beispielsweise berufen sich die Zuständigen auf die praktikable Seite: So seien Vorgänge besser zuzuordnen und Verantwortliche leichter feststellbar.

Inwieweit diese Kriterien tatsächlich nur durch eine solche Zeile erfüllbar sind, ist anzuzweifeln. Die moderne Variante in der Geschäftspost erlaubt dies auf andere Weise ebenso konkret. Es setzt sich zunehmend durch, diese Angaben in einem untereinanderstehenden Block zusammenzufassen. Dieser steht dann rechts neben dem Anschriftenfeld. Ein unübersehbarer Vorteil dabei: Sie können dort Informationen wie die E-Mail-Adresse aufnehmen, die eine »klassische« Bezugszeichenzeile nicht im

Die moderne Variante der Bezugszeichenzeile, der Informationsblock, erlaubt unter anderem die Nennung der E-Mail-Adresse.

Programm hat. Diese beschränkt sich auf: Ihr Zeichen/Ihre Nachricht vom, unser Zeichen/unsere Nachricht vom, Telefon, Name, Datum.

Ob neben- oder untereinander: Sie sollten auf Namenskürzel verzichten. Es ist moderner und ansprechender, den vollen Namen der Ansprechpartnerin/des Ansprechpartners oder der/des Diktierenden zu veröffentlichen. Bei allen Briefen, die auf sogenannten Repräsentationsbogen (→ *Das passende Outfit für Ihren Brief*, S. 21–26) geschrieben werden, entfallen diese Angaben.

Die Betreffzeile

Betreffzeilen sind auch bei Geschäftsbriefen kein Muss.

Das Gleiche gilt für die Betreffzeile. Sie ist in Privatschreiben nicht üblich und auch bei Geschäftsbriefen kein Muss. Sie wird dort aber weitgehend verwendet. Ein gut formulierter Betreff bietet eine nicht zu unterschätzende Möglichkeit: Er kann wie eine fesselnde, gekonnte Headline in der Zeitung Interesse und Neugier auf den folgenden Text wecken. Das setzt allerdings voraus: Sie entwickeln nicht nur Mut zum eigenen Stil, sondern auch zur nicht alltäglichen Betreffzeile. Dazu brauchen Sie etwas Fantasie und Kreativität, denn ein *Lexikon der zündenden Betreffzeilen* gibt es nicht.

Hier einige Anregungen:

- Der Fehlerteufel hat zugeschlagen – Entschuldigung (Antwortbrief auf Reklamation)
- Knoten im Taschentuch? (Mahnung)
- Frisch gewagt ist halb gewonnen (unaufgefordertes Angebot)
- Mögen Sie Geschenke? (Preisreduzierung)
- Die Erholung ist die Würze der Arbeit (Ankündigung Betriebsferien).

Es macht zwar etwas Mühe, originelle Betreffzeilen zu formulieren, aber die Arbeit lohnt sich.

Das (Er-)Finden solcher Betreffs erfordert etwas Zeit und Mühe, doch diese Investition lohnt sich unbedingt. Am ehesten wird die Bereitschaft dazu bei Angeboten und Werbebriefen vorhanden sein. Doch auch für andere Bereiche muss es nicht immer die Standardformulierung sein.

Warum nicht zum Beispiel als Antwort auf eine Bewerbung das stereotype *Ihre Bewerbung vom …* durch eine Zeile wie *Ihre Bewerbung gefällt uns* ersetzen? Vorausgesetzt, das stimmt.

Oder das nicht minder abgenutzte *Ihr Schreiben vom ...* gegen *Ihr Schreiben: Preisverhandlung* austauschen?
Aus dem Routinetrott hervorstechende Betreffs zeichnen unter anderem individuelle Geschäftspost aus. Gleichzeitig sind sie eine gute Hilfe, nicht diesem »Verführer« zu erliegen: den Wortlaut des Betreffs im ersten Satz (fast) wörtlich aufzugreifen. Ein viel zu häufig zu beobachtendes Phänomen! Betreff: *Ihr Schreiben vom ...* – Anrede – Briefanfang: *Ich beziehe mich auf Ihr Schreiben vom ...* Auch die leichte Abwandlung: *Ich beziehe mich auf das oben genannte Schreiben vom ...* verbessert die sinnlose Wiederholung nicht.
Mit einem individuellen Betrefftext haben Sie fast automatisch die Möglichkeit eines Briefeinstiegs ohne Sinnwiederholung. Beispiel: *Ihr Schreiben: Preisverhandlung* – Anrede – *vielen Dank für Ihren Brief vom ...* (→ auch *Mit modernem Stil zum Ziel*, S. 51–59).
Unabhängig vom Text, den Sie für diese Zeile wählen, sollten Sie etwas immer weglassen: das Wort *Betreff* oder die Abkürzung *Betr.* Beides ist schon lange nicht mehr aktuell. Auch ohne diese Einleitung weiß jeder, was diese Zeile bedeutet.

Wollen Sie den Betreff besonders betonen? Dann sollten Sie ihn, laut DIN-Regel, nicht unterstreichen, sondern fett drucken. Dies ist eine der neuen »Erlaubnisse«. Früher durfte der Betreff überhaupt nicht hervorgehoben werden.

Laut neuer DIN-Regel darf der Betreff durch Fettschrift hervorgehoben werden.

Die Anrede

Modernisierungen gibt es auch bei den Anreden. *Hochzuverehrender Herr ..., Hochverehrte Frau ..., Werter Kunde, Hochgeschätze Kunden* oder *Verehrteste/r* sind längst abgeschnittene alte Zöpfe. Auch das *Sehr verehrter Herr .../verehrte Frau ...* ist für Geschäftskorrespondenz out. Diese Anrede, früher als Standardfloskel gebraucht, sollte heute nur als »Anti-Platitüde« verwendet werden. Also nur, wenn jemand seine tatsächliche Verehrung zum Ausdruck bringen möchte. In privaten Briefen kann das zum Beispiel durch eine Anrede *Sehr verehrte, liebe Frau ...* dargestellt werden. Das setzt allerdings ein recht persönliches Verhältnis voraus, weil sonst das *liebe* deplaziert wäre.
Die Anrede *Liebe Frau Muster* oder *Lieber Herr Beispiel* ist allerdings nicht auf den privaten Bereich beschränkt. Haben sich aus anfänglich distanzierten Geschäftsverbindungen persönli-

Bei vertrauten Geschäftsverbindungen können Sie die Anrede *Liebe(r) …* verwenden.

che Beziehungen entwickelt, kann sie auch in der Geschäftskorrespondenz verwendet werden. Dort ist die Standardanrede heute *Sehr geehrte/r …*
Werden eine Frau und ein Mann in einem Brief angeschrieben, gilt als Reihenfolge: Im gesellschaftlichen Bereich immer die Dame zuerst nennen. Im Beruf nur dann, wenn sie und er im Unternehmen zur selben Hierarchiestufe gehören, also bei »Ranggleichheit« oder wenn sie auf der Betriebsleiter eine Stufe höher steht. Geht allerdings ein Geschäftsbrief an einen Chef und seine Mitarbeiterin, ist die Reihenfolge umgekehrt: *Sehr geehrter Herr Oberbossell, sehr geehrte Frau Arbeiter.* Ist kein/e Ansprechpartner/in bekannt, lautet die Anrede *Sehr geehrte Damen und Herren.*

Wenn Sie ein Unternehmen nicht kennen, sollten Sie die früher übliche Sammelanrede *Sehr geehrte Herren* nicht verwenden. Selbst wenn Sie »fast sicher« sind, dass dort »ja eigentlich« keine Frauen tätig sein werden. Das Pendant *Sehr geehrte Damen* ist ebenso wenig empfehlenswert. Das gilt auch für eine früher verbreitete Anrede für Damen *Sehr verehrte gnädige Frau.*

Mehr als nur Höflichkeit: Nennen Sie den Angeschriebenen bei seinem Namen.

Dem Namen wird seit einigen Jahren größte Bedeutung beigemessen (→ auch *Sehr verehrte Frau Gräfin – Lieber Papst*, S. 45–50). Dazu haben psychologische Erkenntnisse beigetragen. Auch der bekannte Satz von Dale Carnegie: *Des Menschen liebste Vokabel ist sein eigener Name* untermauert diese These. Versuchen Sie deshalb, wenn irgend möglich, den Namen der oder des Angeschriebenen herauszufinden. Das verringert auch die Anzahl der *Sehr-geehrte-Damen-und-Herren-Briefe.* Diese unpersönliche Anrede sollte wirklich nur als Notnagel dienen. Völlig *daneben* ist sie für eine Antwort, wenn der Name des Adressaten aus einem vorangegangenen Schreiben hervorgeht!

Vorteilhaft hingegen ist es, sich nach Varianten der gängigen *Sehr-geehrte/r-Anrede* umzusehen. Moderne Möglichkeiten: *Guten Tag, Frau/Herr Meyer, Guten Tag, sehr geehrter Herr Schröder (geehrte Frau Schrö-*

der), Liebe Hanne Pollmeier (Hans Pollmeier). Die letzte Möglichkeit eignet sich nur zwischen bereits vertrauteren Personen. Dann kann auch ein *Hallo, liebe Frau Schumacher (lieber Herr Schumacher)* angebracht sein – besonders unter Jüngeren.

Ein Tipp für einen originellen Briefanfang: Die Anrede zum Anfangssatz umformulieren.

Bei allen Abwandlungen vom Standard sollten Sie überlegen, ob diese progressiven Formen zum Firmenimage oder Ihrem persönlichen Stil passen. Ist dies der Fall, hier noch eine aus dem Rahmen fallende Anregung: Bauen Sie die Anrede in den Anfangssatz ein. Zum Beispiel: *Wir laden Sie herzlich ein, sehr geehrter Herr Stein, am Dienstag, dem …* oder *Ist es nicht toll, liebe Frau Rauber, dass wir es wieder einmal geschafft haben?* Der Satzanfang steht dann quasi als *Betreff* in der ersten Zeile, die Anrede wie üblich allein, der anschließende Text wie immer in der nächsten Zeile.

Der Hauptteil des Briefes

Der klassische Brief gliedert sich in drei Teile: Anfang, Hauptteil und Schluss.

Womit wir beim »fettesten« Baustein eines Briefes angekommen sind – trotzdem wird er in diesem Kapitel am »magersten« behandelt. Der Grund: Die vielen unterschiedlichen Briefanlässe erfordern spezielle, detaillierte Aufbaulösungen. Diese finden Sie jeweils unter dem entsprechenden Stichwort der Musterbriefe, hier wird nur das Grundsätzliche erläutert.

Die klassische Dreiteilung: Anfang, Hauptteil, Schluss ist nach wie vor »en vogue«. So wie Sie bei einem Gespräch nicht mit der Tür ins Haus fallen, sollten Sie auch schriftlich einen »Warmmacher« nicht vergessen. Dieser muss nicht lang sein, im Gegenteil, je nach Art des Briefes reichen ein bis zwei Sätze. Wichtig dabei ist die direkte Ansprache der Empfängerin oder des Empfängers (→ *Mit modernem Stil zum Ziel*, S. 51–59). Nach dem Hauptteil mit dem eigentlichen Grund für das Schreiben rundet ein Schlusssatz den perfekten Briefaufbau ab. Fehlen diese Elemente, verdient ein Schreiben nicht die Bezeichnung *Brief*, sondern es wird eine Aktennotiz, Kurzmitteilung oder ein Kartengruß daraus. Zum Beispiel bei einem Glückwunsch: *Herzliche Glückwünsche zum Geburtstag. Viele Grüße Ihre Ilse Knapp* ist beim besten Willen nicht als Brieftext zu bezeichnen. Selbst auf einer Grußkarte würde er unverbindlich und reichlich dürftig wirken. Jedes Schreiben braucht etwas mehr Fleisch auf den Rippen, wenn es positiv ankommen soll. Und zwar unabhängig davon, ob es im privaten oder geschäftlichen Bereich verschickt wird.

Der Gruß

Es müssen nicht immer die *freundlichen Grüße* sein.

Die Auswahl des nächsten Briefelements hängt davon allerdings stark ab: Der Gruß. Dass sich *Mit Gruß und Kuss – Dein Julius* nur für Privatbriefe eignet, ist klar. Aber müssen es in Geschäftsbriefen immer die *freundlichen Grüße* sein? Diese Grußformel ist zwar die ungefährlichste. Sie können damit, genauso wie *Mit freundlichem Gruß* nichts falsch machen. Beide sind aber gleichermaßen stereotyp und langweilig.

Wie auch bei der Anrede bieten sich Alternativen an:

- *Mit freundlichen Grüßen nach Berlin*
- *Mit den besten Wünschen für eine gelungene Veranstaltung*
- *Mit vielen guten Wünschen für ein angenehmes Wochenende*
- *Mit frühlingshaften (sommerlichen, vorweihnachtlichen) Grüßen*
- *Mit herzlichen Grüßen aus dem verschneiten Allgäu*
- *Viele Grüße zum »Osterberg« (Rosengarten, Wasserturm, Försterhof)*
- *Es grüßt Sie herzlich aus dem Urlaub*

Diese noch längst nicht umfassende Aufzählung beweist: Es ist gar nicht so schwer, sich individuelle Grüße auszudenken. Zumal Sie zusätzlich noch eine weitere Möglichkeit haben: Ersetzen Sie die Standard-Adjektive durch eines, das Ihr Gefühl zum Ausdruck bringt. Im Privatleben sind solche Grüße bekannt: *Mit liebevollen, sehnsüchtigen, besorgten Grüßen* beispielsweise. Ähnliche Varianten wie: *Mit dankbaren, begeisterten, hoffnungsvollen, gespannten, erwartungsvollen, bedauernden Grüßen* auch für andere Schreiben zu gebrauchen, ist hingegen noch fast unbekannt. Wichtig dabei: Das Adjektiv muss passen! Zum Briefinhalt, Ihrer Beziehung zum Adressaten und zu Ihnen. Beispiele finden Sie in den Musterbriefen. Wann aus *freundlichen herzliche* Grüße werden, bestimmt der Vertrautheitsgrad und nicht der Unterschied zwischen Privat- und Geschäftsbrief. Wenn eine berufliche Beziehung so persönlich geworden ist, dass die Anrede *Liebe/r* angemessen ist, entsprechen dem die *herzlichen* Grüße.

Wichtig ist, dass Anrede und Grußformel zueinander passen. Wählen Sie eine distanzierte Titulierung wie *Sehr geehrter Herr Direktor Flachmann*, passt das *herzliche* nicht. Dann sollten

Sie bei den verschiedenen *freundlichen* Möglichkeiten bleiben. Ausnahmen: Dank- und Glückwunschbriefe.
Altmodische Grußformeln wie *Bis dahin verbleiben wir, Im Voraus bestens dankend empfehlen wir uns, Für heute verbleiben wir, Mit den ergebensten Grüßen* sind in der modernen Korrespondenz fehl am Platz. Ebenso die Wendungen *Mit vorzüglicher Hochachtung* und *Hochachtungsvoll.* Diese alten Standards für Geschäftsbriefe haben sich in der Bedeutung grundlegend gewandelt.

Es scheint selbstverständlich zu sein und wird dennoch häufig übersehen: Die Grußformel sollte zur Anrede passen!

Hochachtungsvoll hat heute einen Touch von »unangenehm« bekommen. Es wird zum Beispiel von Banken bei einer Kreditkündigung gewählt. Ebenso von Gerichtsvollziehern bei unerfreulichen Briefen. In beiden Fällen ist der Grund für diese Wahl derselbe: Es soll vermieden werden, dass ein Adressat die unter einem solchen Schreiben stehenden *freundlichen Grüße* als Ironie empfindet. Gleichzeitig soll ausgedrückt werden, dass trotz der Härte des Vorgangs der Mensch geachtet wird.
Im Gegensatz dazu hat sich das *Mit vorzüglicher Hochachtung* in *Mit dem Ausdruck meiner ausgezeichneten (oder vorzüglichen) Hochachtung* oder *Mit ausgezeichneter (oder vorzüglicher) Hochachtung* verwandelt. Diese Grußformel wird im protokollarischen Bereich gebraucht: bei Schreiben an Inhaber/innen höchster Staats- oder Kirchenämter. Diese Empfehlung kann der »Normalbürger« getrost übernehmen, auch wenn es, weil ungewohnt, etwas schwer aus der Feder fließt. Ein Fauxpas ist so auf jeden Fall ausgeschlossen.

Das früher übliche *Hochachtungsvoll* ist heute zu einer Grußformel für eher unerfreuliche Briefe geworden.

Die Unterschrift

Einen Stilfehler sollten Sie auch bei der Unterschrift vermeiden. Sie meinen, da könnte man doch gar nichts falsch machen – Namen hinschreiben und fertig? Genau das ist eine mögliche Fehlerquelle bei Geschäftsbriefen. Es gibt immer noch zahlreiche Schreiben, die wichtige moderne Empfehlungen außer Acht lassen.
Erstens: Geht aus dem Briefkopf nicht eindeutig hervor, wer die Absenderin oder der Absender ist, darf die maschinengeschriebene (gedruckte) Wiederholung des Namens auf keinen Fall fehlen. Selbst dann, wenn der/die Ansprechpartner/in bereits im *Bezug* angegeben wurde, hat sich das bei Geschäftsbriefen durchgesetzt. Es ist üblich, diese Namensangabe *nicht* in Klammern zu setzen.

Eine weitere Fehlerquelle bei Geschäftsbriefen: die Unterschrift.

Der zweite Punkt, der noch häufiger vergessen wird: In der maschinenschriftlichen Namensangabe soll der Vorname ausgeschrieben sein, und zwar unabhängig davon, ob er in der handschriftlichen Unterschrift ausgeschrieben ist oder nicht. Dort bleibt dies nach wie vor persönliche Entscheidung.

Sicher kennen Sie auch dieses Problem: Briefkopf: *XYZ-GmbH*, Bezugszeichenzeile, Unser Zeichen: *Kö/Pi*, Unterschrift: *M. Unleserlich*. An wen, bitte, soll nun die Antwort geschrieben werden, wenn die Namensangabe unter der Unterschrift nur M. Unleserlich aufweist? An Herrn oder Frau M.?

Die optimale Geschäftsbrief-Unterschrift besteht also aus: maschinengeschriebener Firmenangabe, handschriftlicher Unterschrift – wahlweise mit oder ohne Vornamen –, maschinenschriftlicher Namensangabe mit Vornamen. Eventuelle Titel gehören – wenn gewünscht – in den letztgenannten Bereich. Nicht aber zur handgeschriebenen Unterschrift.

Das *Ihr* vor der Unterschrift wird stets handschriftlich eingesetzt.

Und wo bleibt das *Ihr*? Dort, wo es angebracht ist, gehört es zur handschriftlichen Unterschrift, wird also nicht maschinengeschrieben! Allerdings ist es unter Fremden nicht üblich, sondern es wird nur in vertrauteren Beziehungen verwendet – dann allerdings auch bei Geschäftsbriefen.

Dort findet sich häufig bei der Unterschrift ein Zusatz, der als überholt verschrien ist: *Nach Diktat verreist*. Die moderne Empfehlung lautet: *In Abwesenheit von*. Doch auch diese Form ist nicht optimal. Der bessere Weg: Greifen Sie die Tatsache, dass Sie den Brief nicht selbst unterschreiben können, im Text auf. Eine weitere Möglichkeit: Der Brief wird *i. A.* oder *i. V.* unterschrieben.

Beides, *im Auftrag* und *in Vertretung*, kann ein/e Stellvertreter/in nicht einfach von sich aus tun. Das *i. V.* setzt eine offizielle Handlungsbevollmächtigung voraus, und selbst eine *i. A. Unterschrift*, die eine solche nicht voraussetzt, ist in vielen Firmen keine Selbstverständlichkeit. Absprachen darüber sind also nötig. Diese Zusätze werden in der Regel maschinenschriftlich genannt. Das ist genauso beim ppa. (per Prukura).

Dabei ist es aber juristisch umstritten, ob es eigenhändig geschrieben werden muss oder nicht.
Über solche Details brauchen Sie bei Privatbriefen nicht nachzudenken. Dazu zählt auch der Anlagenvermerk, er würde dort recht komisch wirken: *Liebste Freundin, hier schicke ich Dir endlich …* – Text – Gruß – *Anlage: Urlaubsbilder.*

Der Anlagenvermerk

Auch in Geschäftsschreiben ist der Anlagenvermerk unter der Voraussetzung kein Muss, dass die »Beigaben« bereits im Text erwähnt wurden. *Zur Information schicke ich Ihnen unseren Hausprospekt mit* – Gruß – *Anlage: Hausprospekt.* Eine solche Doppelung ist überflüssig.
Aber die Kombination: *Ich schicke Ihnen Informationsmaterial mit* – Gruß – *Anlagen: Hausprospekt, Anfahrtskizze* ist sinnvoll. Der Vermerk hat erstens diesen Sinn: Die Empfängerin oder der Empfänger soll darauf aufmerksam gemacht werden, dass außer dem Brief noch Weiteres im Umschlag enthalten ist. Gerade dünne oder kleinformatige Anlagen können leicht übersehen werden und im Papierkorb landen. Zweitens soll auch nach längerer Zeit noch klar ersichtlich sein, was alles zu einem Schreiben dazugehört.
Aus diesen Gründen sind Anlagenvermerke im geschäftlichen Bereich Usus. Es ist zwar nicht nötig, bei mehreren Beigaben alle zu nennen, aber – wie gerade geschildert – es ist praktisch.
Laut DIN 5008 kann das Wort *Anlage* (auch *Anlagen*) fett gedruckt werden, wenn Sie darunter mindestens eine Beilage anführen. Steht das Wort *Anlage* alleine, soll das nicht sein. In beiden Fällen gilt: keine Unterstreichung, kein Doppelpunkt dahinter.

Der Anlagenvermerk ist Geschäftsbriefen vorbehalten. Bei Privatbriefen wirkt er deplatziert.

Der Verteilervermerk

Das ist genauso beim Verteilervermerk. Er ist üblich, wenn ein Schreiben an mehrere Adressaten verschickt wird. Auch hier hat sich die moderne Form, Vor- und Zunamen anstatt *Herr Meier* zu schreiben, durchgesetzt. Ob der Zusatz von Abteilung, Funktion, Ort oder Ähnlichem sinnvoll ist, hängt vom Verteilerkreis ab. Feststehende Regeln gibt es dazu nicht.

Wenn ein Schreiben an mehrere Adressaten verschickt wird, ist ein Verteilervermerk üblich.

Das PS

So, Sie können sich zufrieden zurücklehnen, Ihr Brief ist fertig. Doch genau in diesem Moment schießt Ihnen ein unerfreulicher Gedanke durch den Kopf: *Ich hab' was vergessen!* Sie erinnern sich an einen alten Werbeslogan und denken: *Halt, wer wird denn gleich in die Luft gehen! Greife lieber zum PS.* Doch Vorsicht: Das ist nicht immer die beste Lösung. Im Zeitalter moderner Textverarbeitung sollten Sie ein vergessenes Detail lieber einfügen. Der Aufwand ist gering und die Gefahr, dass jemand Vergesslichkeit mit Nachlässigkeit gleichsetzt, ist gebannt. Das könnte in einem solchen Zusammenhang der Fall und somit negativ sein.

Werbetexter nutzen das PS, um Informationen hervorzuheben.

Eine zusätzliche Information hingegen, ein Gedanke, der nicht in den Kontext des übrigen Briefes passt, oder etwas, das besonders ins Auge springen soll, ist im PS gut aufgehoben. Den letzten Aspekt nutzen zum Beispiel Werbetexter. Es gibt kaum einen Werbebrief ohne PS (→ auch *Werbebriefe*, S. 246 ff.).

Sollten Sie in einem handschriftlichen Brief etwas vergessen haben, lohnt sich die Überlegung: Neu schreiben oder nicht? In freundschaftlichen Beziehungen wird Ihnen sicher niemand ein »Vergesslichkeits-PS« übel nehmen. Bei wichtigen handgeschriebenen Botschaften ist es jedoch besser, auf ein PS zu verzichten – Arbeit hin oder her.

Zu offiziellen Glückwunschschreiben oder Kondolenzbriefen im geschäftlichen Bereich passt kein PS.

Und noch etwas: Wenn Sie es gebrauchen, vermeiden Sie bitte den häufigsten Fehler: *P. S.* Postskriptum wird ohne Abkürzungspunkte geschrieben.

PS: Vermissen Sie in diesem Kapitel Ausführungen zum Datum? Das ist Absicht, um eine Wiederholung zu vermeiden. Sie finden das Wissenswerte im Kapitel *Das passende Outfit für Ihren Brief* auf den Seiten 21–26 bei den DIN-Regeln.

»*Sehr geehrte Frau Gräfin*« – »*Lieber Herr Papst*«

Vorsicht: Bei Titeln lauern die Fallstricke überall

Zuerst der dringend notwendige Hinweis: Die Kapitelüberschrift ist natürlich falsch! Es sei denn, jemand trägt den Hausnamen Papst. Zur Richtigstellung jedoch etwas später.

Die richtige Definition des Begriffs *Titel* ist wichtig.

Vorab muss erst einmal der Sammelbegriff *Titel* in seine Bestandteile zerlegt werden, damit die folgenden Ausführungen besser verständlich werden. Im allgemeinen Sprachgebrauch wird dieser Oberbegriff für so ziemlich alles gebraucht, was in Verbindung mit dem Namen auftauchen kann. Das ist erstens verwirrend, zweitens nicht ganz korrekt. Um Anreden und Anschriften richtig verwenden zu können, sollten folgende Unterschiede beachtet werden: Akademische Grade, (Adels-) Prädikate, Amtsbezeichnungen, Funktions- und Berufsbezeichnungen.

Akademische Grade

Am gebräuchlichsten ist der Umgang mit akademischen Graden. Dass ein *Dr.* zum Namen gehört, ist bekannt. Was viele hingegen nicht wissen: Es besteht kein rechtlicher Anspruch, mit dem Doktortitel angesprochen zu werden. Trotzdem hat sich so etwas wie ein »Höflichkeitsanspruch« etabliert. Die richtige schriftliche Anrede lautet somit: *Sehr geehrter Herr Dr. Theissen* oder *Liebe Frau Dr. Kreche*, je nachdem, welcher Vertrautheitsgrad besteht (→ *Das Brief-Lego-Spiel*, S. 34 – 44). Der Name wird nicht weggelassen! Höchstens in der Arztpraxis oder im Krankenhaus wird das bei der mündlichen Anrede manchmal getan. Doch auch dort ist es empfehlenswert, den Namen mit auszusprechen.

Was tun, wenn Sie mehrere Doktoren anschreiben wollen?

Schreiben Sie mehrere Doktoren an, können Sie die Titel in der Adresse zusammenziehen. *Herrn und Frau Dres. Johannes und Ulrike Knorr* zum Beispiel. Selbstverständlich ist es genauso richtig, die Frau voranzustellen.

In der Anrede sollten Sie auf dieses *Sammelkürzel* allerdings verzichten. Dort ist richtig, jeden einzeln anzuschreiben, also dem Beispiel entsprechend *Sehr geehrte Frau Dr. Knorr, sehr geehrter Herr Dr. Knorr.*

Hat jemand mehrere akademische Grade, werden sie in der Adresse alle aufgeführt, in der Anrede hingegen nur der höchste verwendet. Also zum Beispiel: Briefumschlag: *Herrn Professor Dr. Dr. h. c. Wolfgang Berenz*; Briefanrede: *Sehr geehrter Herr Professor Berenz.*

Nur wenn ein/e Akademiker/in von sich aus wünscht: *Bitte, lassen Sie doch das Dr. (den Professor) weg und bleiben Sie bei Müller*, wird auf diese Anrede verzichtet. Das gilt übrigens für alle weiteren Titel, die unter diese gesellschaftliche Konvention fallen.

Wichtig: Der Professor wird nicht abgekürzt!

Professor wird nicht abgekürzt – nur in unumgänglichen »Notsituationen« (→ *Das passende Outfit für Ihren Brief*, S. 21 – 26). Die Umsetzung in die weibliche Form ist für die *Professorin* nach neuesten Empfehlungen möglich. Beide Formen gelten als richtig, sowohl *Sehr geehrte Frau Professor Tüchtig* als auch ... *Professorin Tüchtig*. Die *Doktorin* gibt es hingegen als Anrede noch nicht. Da ein *Dr.* aber sowieso immer in der abgekürzten Form bleibt, fällt das im Schriftverkehr nicht auf.

Bei Geschäftsbriefen sollten Sie dabei beachten, dass nur Sie selbst von einer persönlichen Titelbefreiung Gebrauch machen können. Verzichten Sie in solchen Fällen in der Anrede nur dann auf Titel, wenn Sie einen Brief selbst unterschreiben.

Die Anschrift, sowohl auf dem Umschlag als auch im Adressfeld, bleibt davon unberührt. Sie enthält in jedem Fall alle eventuell vorhandenen akademischen Grade oder/und Adelsprädikate.

Adelsprädikate

Bei Adelsprädikaten gibt es eine Reihe von Ausnahmen.

Sie bereiten oft größeres Kopfzerbrechen als die geläufigeren akademischen Anreden. Verständlich, denn dabei gibt es eine Reihe von Ausnahmen und so manche Ungereimtheit. Das beginnt bei der Anrede. Dort fällt *Frau* oder *Herr* weg. Richtig ist also, entgegen der Überschrift, beispielsweise zu schreiben:

Sehr geehrter Prinz zu Lippe-Schöngau, Sehr geehrte Gräfin von Schönborn. Bei entsprechendem Bekanntheitsgrad wird selbstverständlich auch hier das *Sehr geehrte/r* durch das *Liebe/r* ersetzt. Die Adresse hingegen sieht so aus: *Herrn Wilhelm Prinz zu Lippe-Schöngau* oder *Frau Alexandra Gräfin von Schönborn.*

Ein Fehler, der dabei häufig zu sehen ist: *Herrn Prinz Wilhelm zu Lippe-Schöngau.* Diese Reihenfolge ist falsch. Das Adelsprädikat bleibt immer beim Zunamen. Kommt ein akademischer Grad hinzu, wird dieser, wie üblich, vor den Vornamen gesetzt. Also zum Beispiel: *Frau Dr. Alexandra Gräfin von Schönborn.*

Für Freifrauen und Freiherren gelten Sonderregeln.

Alles bisher Gesagte gilt für: Prinzessin/Prinz, Herzogin/Herzog, Fürstin/Fürst, Gräfin/Graf. Nicht jedoch für Freifrauen und Freiherren, die unverheiratete Tochter – Freiin – eingeschlossen. Diese werden nicht mit *Sehr geehrter Freiherr von Fricks* oder *Liebe Freifrau von Theenhausen* angeschrieben, sondern mit: *Sehr geehrter Herr von Fricks* oder *Liebe Frau von Theenhausen.* Das *Frei* kommt nur in die Adresse. Dafür gibt es zwei Möglichkeiten. Die traditionelle lautet: *Herrn Christian Freiherr von Fricks, Frau Sabine Freifrau von Theenhausen.* Dabei lassen sich die Doppelnennungen: *Herrn ... Freiherr* und *Frau ... Freifrau* nicht vermeiden. Deshalb ist folgende Fassung die moderne Empfehlung: *Sabine Freifrau von ...* und *Christian Freiherrn von ...* Wichtig ist bei der männlichen Anschrift das *n*, welches beim Weglassen des ersten *Herrn* zum *Freiherrn* rutscht. Regional bedingt werden die *Freien* manchmal zu *Baronin* oder *Baron.* Dann entfällt in der Anrede das *von.* Aus *Sehr geehrte Frau von Theenhausen* zum Beispiel wird dann *Sehr geehrte Baronin Theenhausen.*

Alle Besonderheiten, die für Freiherrn und Freifrau gelten, sind ebenfalls für einen *Ritter*, eine *Edle* und einen *Edlen* richtig.

Würdenbezeichnungen

Ausnahme bei Würdenträgern: Die höfliche Einleitung entfällt.

Unter den Begriff *Prädikat* fallen auch Würdenbezeichnungen, die an öffentliche oder kirchliche Ämter gebunden sind, zum Beispiel *Eminenz, Exzellenz, Hochwürden.* Dabei gibt es eine extrem aus dem Rahmen fallende Ausnahme bei der Anrede: Die höfliche Einleitung, die sonst vor dem Namen steht, fällt weg. Also nicht *Sehr geehrte Exzellenz* beispielsweise, sondern nur *Exzellenz.* Das ist für Angehörige regierender Königshäuser übrigens genauso. Nicht *Sehr verehrte Königliche Hoheit*

(Majestät/Durchlaucht), sondern ebenfalls nur *Königliche Hoheit (Majestät/Durchlaucht)*. Auch der Papst – womit nun endlich die falsche Kapitelüberschrift komplett richtiggestellt wird – wird ohne »Vorreiter« mit *Eure Heiligkeit* oder *Heiliger Vater* angeredet. Die Anschrift dazu: *Seiner Heiligkeit Papst …* Auch für Eminenzen und Exzellenzen beginnt die Anschrift mit *Seiner,* zum Beispiel für einen Kardinal: *Seiner Eminenz Herrn Franz Kardinal Frings, Erzbischof von …* Auch bei Kardinälen gibt es wieder eine Besonderheit: Falls sie akademische Grade haben, fallen diese weg. Als Anrede werden heute die modernen Formen bevorzugt. Anstatt *Eminenz* also *Sehr verehrter (geehrter) Herr Kardinal*, für *Exzellenz*: *Sehr geehrter Herr Bischof.*

Amtsbezeichnungen

Unter *Amtsbezeichnungen* werden sämtliche Begriffe für öffentliche Ämter und diplomatische Dienstgrade verstanden.

Weit häufiger als diese gerade beschriebenen Prädikate werden Sie voraussichtlich Amtsbezeichnungen für Ihre Korrespondenz brauchen. Darunter fallen sämtliche Termini für öffentliche Ämter sowie diplomatische Dienstgrade, also zum Beispiel: Bundespräsident/in, Minister/in, Ministerpräsident/in, Landrat/rätin, Präsident/in des Deutschen Bundestages (-rates), Bundeskanzler/in, (Parlamentarische/r) Staatssekretär/in, Präsident/in des Bundesverfassungsgerichtes (der obersten Gerichtshöfe des Bundes), Landtagspräsident/in, Botschafter/in, (General-)Konsul/in, Botschaftsrat/rätin, Gesandter/Gesandtin, um nur eine kleine wahllos zusammengesetzte »Auswahlkollektion« zu liefern.

Was tun, wenn *der Minister* eine Frau ist? Amtsbezeichnungen werden heute ausnahmslos in die weibliche Form umgesetzt.

Sie verdeutlicht, dass Amtsbezeichnungen ausnahmslos in die weibliche Form umgesetzt werden. Diese Neuerung ist recht jung. Vor wenigen Jahren noch galt die protokollarische Empfehlung für eine Ministerin beispielsweise: *An den Minister für … Frau …* Inzwischen wäre eine solche Anschrift der sichere Tritt ins berühmte Fettnäpfchen, und das gleich doppelt. Zum einen durch die männliche Form, zum anderen wegen des *An den*. Es wird, wie ganz allgemein (→ *Jeder Brief braucht seinen Mantel*, S. 27 – 33), auch bei Adressen für Amtsinhaber/innen weggelassen.

Die altmodische Anschrift an den Bundespräsidenten sah so aus: *An den Bundespräsidenten der Bundesrepublik Deutschland Herrn …* Die aktuelle protokollarische Form lautet: *Herrn Bundespräsidenten (Dr. oder andere akademische Grade, falls vorhanden) Roman Herzog.* Der Zusatz ... *der Bundesrepublik Deutschland* wird nur noch im internationalen Schriftverkehr gebraucht. Für »Inländer« ist er überflüssig.

Das *An die* gilt als altmodisch.

Für den Fall, dass dieses Amt von einer Frau bekleidet wird, sieht das Protokoll bereits die weibliche Form vor: *Frau Bundespräsidentin, akademischer Grad, Vorname, Name.* Das *An die* ist ebenfalls eingemottet. Die Anschrift an den Bundeskanzler beziehungsweise eine Bundeskanzlerin (in spe) wird nach demselben Schema aufgebaut, ebenso die an einen Regierungspräsidenten, eine -präsidentin.
Bei allen anderen Amtsbezeichnungen ist die Reihenfolge anders:
Erst das Amt,
dann *Herrn* oder *Frau,*
falls vorhanden: akademischer Grad,
Vorname, Name.
Zum Beispiel: *Bundesminister/in des/der/für ... Herrn/Frau Dr. ..., Präsidentin des Deutschen Bundestages Frau ..., Präsidenten des Bundesverwaltungsgerichts Herrn ..., Direktorin beim Bundesverfassungsgericht Frau ..., Staatssekretär des Bundesministeriums des/der/für ... Herrn ...* Nach diesen Mustern können Sie alle weiteren Anschriften aufbauen. Wichtig ist dabei ein Detail in der männlichen Form: das *n.* Die entsprechenden Bezeichnungen werden, angelehnt an das *Herrn*, dekliniert. Also: Präsident*en*, Vorsitzend*en*, Wehrbeauftragt*en*, Parlamentarisch*en* ..., Vizepräsident*en.* Beim Letztgenannten fällt das *Vize* bei der Anrede unter den Tisch. *Sehr geehrter Herr Präsident* ist richtig. Bei der Vizepräsidentin ist das genauso.
Alle anderen Anreden beschränken sich auf die Amtsbezeichnung, wenn eine Person in offizieller Funktion angeschrieben wird, also beispielsweise: *Sehr geehrter (verehrter) Herr Bundespräsident, Sehr geehrte (verehrte) Frau Bundestagspräsidentin, Sehr geehrter (verehrter) Herr Bundeskanzler, Sehr geehrte Frau Ministerin, Sehr geehrter Herr Bürgermeister.*

Eine Amtsbezeichnung wird in der Anrede heute nicht mehr immer verwendet.

Diese Anreden wurden früher fürs ganze Leben gebraucht. Unabhängig davon, ob jemand in seiner Funktion oder privat angeschrieben wurde. Das ist heute anders. Kennen Sie zum Beispiel einen Minister privat und wollen ihn einladen, wäre die Anrede *Sehr geehrter Herr Minister* überzogen. Dann wird daraus: *Sehr geehrter Herr Dr. Rexmann*, bei guter Bekanntschaft auch *Lieber* ... In bestimmten Konstellationen kann es gut sein, beide Komponenten in einer Anrede zu vereinen.

Ein Beispiel: Sie wollen einen guten Bekannten, der Minister ist, um ein Grußwort für Ihr Firmenjubiläum bitten. Das Grußwort erbitten Sie zweifelsfrei vom »Amtsträger«. Ihr Wunsch wird größere Chancen haben, wenn Sie das private Verhältnis ansprechen. Dann ist eine Doppelanrede durchaus möglich: *Sehr geehrter Herr Minister, lieber Herr Dr. Rexmann.*
Sie passt ebenfalls für den umgekehrten Weg: Wenn Sie sich bei einem Ihnen persönlich bekannten Amtsinhaber für etwas Offizielles bedanken wollen. Beispielsweise beim Bürgermeister für ein Präsent, das er Ihnen im Namen der Stadt (Gemeinde) zu einem runden Geburtstag übersandt hat.

Funktions- und Berufsbezeichnungen

Von Funktions- und Berufsbezeichnungen wird in der Anrede nur noch selten Gebrauch gemacht.

Das gilt in der heutigen Zeit auch für Funktions- und Berufsbezeichnungen. Sie sind als Anrede vehement auf dem Rückmarsch: *Sehr geehrter Herr Anwalt/Studienrat/Notar/Referendar/Chefredakteur/Schriftführer* und Ähnliches ist nicht mehr gebräuchlich. Die Erkenntnis, dass Namen individueller und wichtiger sind, hat solche Berufsbezeichnungen verdrängt.
Selbst das früher feststehende *Herr Pfarrer* gerät ins Wanken. Viele Pfarrerinnen und Pfarrer hören – und sehen – ebenfalls viel lieber ihren Namen. Nicht nur in dieser Berufsgruppe ist das sehr stark eine generationsabhängige Frage.

Wer möchte, kann in der Adresse das *Dipl.-Ing.* vor den Namen setzen, in der Anrede wird häufig darauf verzichtet.

Die Zwischenlösung für Zweifelsfälle: Adresse mit, Anrede ohne. Das gilt auch für »Diplomierte«: Die Anrede *Sehr geehrter Herr Diplomingenieur* beispielsweise wird durch die moderne Form mit Namen ersetzt. In der Adresse kann das *Dipl.-Ing.* vor den Namen gesetzt werden – wohlgemerkt kann, nicht muss. Selbst im Beruf finden die meisten jungen Diplominhaber diesen Zusatz inzwischen überflüssig. Im Privatleben ist er noch unnötiger. Diese Einstellung teilen auch viele Direktoren.
Das gesamte Spektrum der Titel, jetzt als »Globalausdruck« für alle Unterteilungen gemeint, ist ein äußerst schwieriger Bereich. Die Vorlieben und Abneigungen gehen weit auseinander. Die einen fühlen sich »auf den Schlips getreten«, wenn der Titel (oder die Berufsbezeichnung) fehlt. Die anderen ärgern sich, wenn er auftaucht, weil sie ihn weder sehen noch hören möchten. Deshalb ein Tipp für das Berufsleben: Erkundigen Sie sich danach, welche Anrede ein potentieller Geschäftspartner oder eine erhoffte Kundin bevorzugt. Sekretärinnen oder andere vertraute Mitarbeiter sind dafür die besten Anlaufstellen.

Mit modernem Stil zum Ziel

Trennen Sie sich von »Barock« und »Rokoko«!

veralteter Stil!

Hochverehrter Leser,

darf ich Sie an dieser Stelle auf das Höflichste bitten, sich um äußerste Geduldung zwecks möglichst aufmerksamen Lesens des nächstfolgenden Kapitels zu bemühen bereit zu sein? Es würde mir sehr zur Ehre gereichen, wenn ich mich in die Lage versetzt fühlen könnte, Ihre hochgeschätzte Aufmerksamkeit mittels dieser Mitteilung erlangen zu können. Im Voraus bestens für Ihre joviale Geneigtheit dankend verbleibe ich
hochachtungsvoll

Hat es Ihnen Spaß gemacht, das zu lesen, oder war es mehr ein Verständnis-Kampf? Vorsichtshalber versuche ich es noch einmal auf »Deutsch«:

Sehr geehrte Leserin, sehr geehrter Leser,

bitte haben Sie beim Lesen des folgenden Kapitels etwas Geduld! Lesen Sie es bitte möglichst aufmerksam. Es ist sehr wichtig. Ich freue mich, wenn es mir gelingt, Ihr Interesse durch diese Information zu wecken. Dafür jetzt schon vielen Dank.

Es grüßt Sie (mit einem verschmitzten Lächeln)

Nun, gefällt Ihnen das besser? Ich denke, ja. Zugegeben: Das erste Beispiel ist »Barockoko hoch sieben«. In einer solchen geballten Ladung treten »Altertümer« zum Glück nicht mehr auf.

Kaum zu glauben, welche geschraubten Formulierungen heute noch immer zum schriftlichen Umgangston gehören.

Doch betrachten Sie die Einzelteile, werden Sie feststellen, dass davon immer noch viele zum täglichen Gebrauch gehören: *Hochverehrte Kunden* in geschäftlichen Rundschreiben; *darf ich …* zusammen mit den Geschwistern: *bitte gestatten Sie …, erlauben Sie bitte …, Ich erlaube mir …*
Höflichst, … bitte ich Sie höflichst, mir mitzuteilen …, nächstfolgend, mittels einer Mitteilung, im Voraus bestens dankend und *verbleibe ich* sind fast noch Standardformulierungen in Geschäftsbriefen. Und auch die *geschätzte Aufmerksamkeit* hat keinen Seltenheitswert.
Dazu kommen Bandwurmsätze, unnötige Wiederholungen, übertriebenes Bedauern, -ung-Substantive, Bürokraten-Vokabeln und geschraubte Formulierungen. Stellen Sie sich bitte einmal vor, ich hätte folgenden Text verschickt:

Sehr geehrte Frau Dr. Jakob,
zu meinem großen Bedauern muss ich Ihnen leider mitteilen, dass ich mich aufgrund einer Grippe bedauerlicherweise nicht in der Lage sehe, Ihnen die von mir in unserem letzten telefonisch geführten Gespräch zugesagte Antwort auf das Ihrerseits freundlicherweise unterbreitete Angebot bezüglich eines Manuskriptes »Moderne Korrespondenz« zukommen zu lassen.
Da ich mich in den letzten Tagen, bedingt durch meine Krankheit, auch nicht in der Lage sah, mit Herrn König diesbezüglich in Kontakt zu treten, sehe ich mich erst heute fähig, ihn faxmäßig zu kontaktieren. Darüber hinaus ist unglücklicherweise das Buch, welches ich mir zwecks Durchsicht zur Bearbeitung Ihres Angebots zu Eigen machen wollte, in meiner telefonisch angefragten Buchhandlung nicht lagermäßig verfügbar, sondern muss per Bestellung angefordert werden.
Ich versichere Ihnen meine größtmögliche Bemühung, mich umgehend bei Ihnen zu melden, wenn es mein Gesundheitszustand zulässt, mich wieder um das Tagesgeschäft in angemessener Form zu kümmern.

Mit ergebenst um Entschuldigung bittenden Grüßen

Ihre
Inge [illegible]

Glauben Sie nicht auch, dass dieses Buch von jemand anders geschrieben worden wäre? Dabei ist dieses Beispiel recht nahe am Ist-Zustand vieler Geschäftsbriefe. Aber modern? Nein, das ist es nicht. Die Übersetzung könnte so aussehen:

Sehr geehrte Frau Dr. Jakob,
Sie erwarten heute meine Antwort, die ich Ihnen telefonisch angekündigt hatte. Es tut mir sehr Leid, aber ich muss Sie um noch etwas Geduld bitten. Meine Erkältung hat sich zu einer echten Grippe ausgeweitet und mich ins Bett »gezwungen«. Deshalb konnte ich mich in den letzten Tagen nicht intensiv mit dem Thema »Moderne Korrespondenz« beschäftigen.
So komme ich auch erst heute dazu, Herrn König ein Fax zu schicken. Das Buch, über das wir sprachen, ist in meiner Buchhandlung nicht vorrätig. Wie könnte es anders sein, wenn etwas unter Zeitdruck steht? Aber ich habe es bestellt. Sobald ich meinen »Krankheits-Zeitverlust« einigermaßen aufgeholt habe, melde ich mich bei Ihnen.
Ich hoffe sehr auf Ihr Verständnis!

Mit freundlichen Grüßen von B(ielefeld) nach B(erlin)

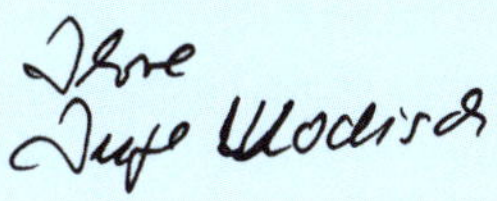

Ehe Sie sich ein Urteil bilden, lesen Sie bitte noch das dritte Beispiel für diese Angelegenheit:

Sehr geehrte Frau Dr. Jakob,
Sie erwarten heute, wie in unserem letzten Telefonat besprochen, meine Antwort zum Thema »Moderne Korrespondenz«. Ich bedauere, Sie noch um einige Tage Aufschub bitten zu müssen. Eine schwere Grippe ließ es nicht zu, dass ich meine Arbeitspläne einhalten konnte. Aus diesem Grund faxe ich auch erst heute die Unterlagen zu Herrn König. Das Buch, über welches wir sprachen, habe ich bestellt. Ich werde mich so bald wie möglich bei Ihnen wieder melden. Bitte haben Sie Verständnis für die Verzögerung.

Mit freundlichem Gruß

Dieser Text ist zweifellos modern, höflich und korrekt. Doch was unterscheidet ihn vom vorangegangenen? Die individuelle Note der Absenderin fehlt. Der erste Brief zeigt Mut zum persönlichen Stil, der zweite wirkt steril. Aber entscheiden Sie selbst, welcher Ihnen besser gefällt. Erstens ist es nicht jedermanns/frau Geschmack, einige »Schlenker« in einen Geschäftsbrief einzubauen. Zweitens muss die Tatsache akzeptiert werden, dass solche nicht immer angebracht sind.

Bei Schreiben mit sehr ernsthaftem oder unangenehmem Inhalt ist der sachlich-sterile Stil besser. Für alle anderen Briefe zeigt die Erfahrung: Sie kommen mit etwas Würze weitaus besser an.

Der *Wir-Anfang* ist weit verbreitet

Verwenden Sie den *Sie-Stil*. Er ist die wichtigste Zutat für gut formulierte Briefe.

Die wichtigste Zutat für ein gutes »Brief-Aroma« ist der *Sie-Stil*. Falls Sie sich einmal die Mühe machen nachzuzählen, wie viele Briefe mit *Wir* anfangen, wären Sie bestimmt erstaunt. *Wir nehmen Bezug ..., Wir bitten Sie ..., Wir werden Ihnen ..., Wir möchten ..., Wir danken ...* Noch erstaunlicher ist, dass auch Briefe, die von einer Person unterschrieben sind, oft im *Wir-Stil* verfasst werden. Das macht nur dann Sinn, wenn entweder mehrere unterschreiben oder ein Satz wie *Im Namen des ganzen Teams* vor der Unterschrift steht. Wenn eine Einzelunterschrift und der Text im logischen Zusammenhang stehen sollen, müsste ein Brief in der Ich-Form geschrieben werden. Die Ausnahme: Es geht aus dem gesamten Inhalt oder einem Absatz im Brief eindeutig hervor, dass eine Einzelperson im Namen mehrerer schreibt.

Ich habe eine Vermutung, warum dieses *Wir* so oft ein *Ich* ersetzt. Früher galt es als tabu, einen Brief mit *Ich* anzufangen. Das erforderte manchmal die abenteuerlichsten Satzbau-Verrenkungen. Voraussichtlich ist deshalb irgendein kluger Kopf auf die Ausweichmöglichkeit mit dem *Wir* gekommen.

Der sogenannte *Ich-Anfang*

Der *Ich-Anfang*: ein Tabu, das heute nicht mehr gilt.

Dieses alte Tabu gibt es heute nicht mehr. In bestimmten Situationen kann ein *Ich-Anfang* sehr viel aussagekräftiger und emotionaler sein als jeder andere. *Liebste Freundin, ich bin über unseren unnützen Streit tief traurig und beschämt* ist wesentlich intensiver als die krampfhafte Ich-Vermeidung: *... über unseren unnützen Streit bin ich ...* Oder: *Geliebter, ich freue mich wahnsinnig auf unser Wiedersehen* anstatt *... auf unser Wiedersehen freue ich mich ...* Genauso: *Liebe Frau Schumacher, ich habe mich riesig über die gelungene Überraschung gefreut* anstatt *... über die gelungene Überraschung habe ich mich ...* Spontane Gefühlsäußerungen wirken authentischer, wenn sie ungekünstelt mit *Ich* beginnen.

Ein solcher Anfang ist auch in vertrauteren geschäftlichen Beziehungen nicht mehr verpönt. Nun ist ein Geschäftsbrief aber in der Regel nicht der prädestinierte Platz für spontane Gefühlsäußerungen. Deshalb gibt es dafür wirklich bessere Anfänge als das *Wir*. Dieses jedoch in jedem Brief und unter allen Umständen in ein *Sie* zu verwandeln, ist die Übertreibung in das andere Extrem.

Über das Für und Wider des Sie-Stils

Bestimmt ist ein *Sie-Einstieg* für die Mehrzahl aller Briefe gut. Es spricht die angeschriebene Person direkt an, animiert sie zum Weiterlesen, weckt Interesse für das Schreiben.

Bitte nicht übertreiben und in Zukunft jeden Geschäftsbrief unbedingt mit *Sie* beginnen!

Aber stellen Sie sich doch bitte vor: In Zukunft fängt jeder Geschäftsbrief mit *Sie* an. Das wird die neue Langweiligkeitsära par excellence. Oder bei Privatbriefen: Ein Genesungswunsch mit: *Sie sind krank. Wie schade*? Ein Kondolenzbrief: *Sie haben Ihren Mann verloren. Wir einen Freund*?

Bei aller Liebe zum *Sie-Stil* und zur Knappheit: Diese Art Mut zum persönlichen Stil befremdet mich. Ich halte mich bei der *Sie-Einstiegs-Quote* an einen bekannten Werbeslogan: *Nicht immer – aber immer öfter. Sie-Stil* bedeutet für mich nicht nur das Wort *Sie* am Anfang eines Briefes. Für mich gehören dazu: Das Hineinversetzen in die angeschriebene Person, partnerbezogene Formulierungen, das Erkennen der Bedürfnisse und Wünsche des anderen, das Eingehen auf vorangegangene Gespräche, Ereignisse, Treffen und das Herausstellen von Gemeinsamkeiten.

Was ist Sie-Stil wirklich?

Das kann alles auch ohne ein *Sie* als erstes Wort passieren. *Wie lange haben wir für dieses Projekt gemeinsam gekämpft? Jetzt endlich* … (Es folgen Glückwünsche.) Hier ist das *Wir* ein Bindeglied zwischen Schreiber und Empfänger. Der Ausdruck von Gemeinsamkeit. Ist der Anfang *Sie und ich haben schon lange für dieses* … aussagekräftiger? Dann eher so: *Wie lange haben Sie und ich für dieses* … Allein durch die Formulierung als Frage gewinnt ein Einstieg an Intensität. Bei diesem Beispiel kann sie so noch zusätzlich verstärkt werden: *Wie lange haben Sie* (Betreffersatz), *lieber Herr Asshauer* (Anrede), *und ich für dieses*

Projekt ... (Briefanfang). Die Kombination von ungewöhnlichem Briefeinstieg und Frage setzt einen eindrucksvollen Akzent.

Fragen eignen sich oft als Briefanfang.

Sie sind häufig eine gute Möglichkeit, altmodische oder langweilige Briefeinstiege zu verändern.

Haben Sie schon einmal über ... nachgedacht?, Können Sie sich für ... begeistern?
(unangefordertes Angebot)
Erwarten Sie von uns, dass ... ?, Akzeptieren Sie klaglos eine Preiserhöhung?
(Preisveränderung)
Hatten Sie schon einmal einen Grund, sich über uns zu ärgern?
(erstmalig verspäteter Liefertermin)
Haben Sie uns vergessen? Uns fehlt bis heute ...
(fehlende Unterlagen, Mahnung)

Solche Fragen ersetzen weit verbreitete Formulierungen wie:
Wir bieten Ihnen heute an ..., Leider müssen wir Ihnen mitteilen ..., Zu unserem großen Bedauern ..., Bedauerlicherweise ist Ihre Rechnung vom ...

Vermeiden Sie negative Formulierungen. Sie können eine gute Grundstimmung beeinträchtigen.

Besonders die negativen Formulierungen sollten Sie aus Ihrer Korrespondenz verbannen. Sie tragen nie zu guter Stimmung bei. Und die soll – besser gesagt: müsste! – gerade bei Entschuldigungen oder Mahnungen beispielsweise besonders gefördert werden.

Vom richtigen Umgang mit *Bedauerlichem*

Sicher wird es kaum möglich sein, ein Leben lang ohne ein einziges, geschriebenes *leider* oder *Bedauern* auszukommen. Wer sich für eine Panne oder ein Versäumnis entschuldigt, wird seine Reue über den Fehler irgendwie zum Ausdruck bringen wollen. Dann geht es nicht ohne solche Ausdrücke. Sie sollten aber auf die ehrlich gemeinten Situationen beschränkt bleiben, nicht durch unnötig viele Wiederholungen übertrieben und nicht an den Anfang gesetzt werden.
Global darauf zu verzichten, kann sehr unverbindlich wirken. Sehen Sie sich dazu bitte noch einmal die drei Musterbriefe auf

Seite 52/53 an. Im verstaubten wird so oft bedauert, dass es nicht mehr ehrlich, sondern liebedienernd wirkt. In den beiden anderen taucht die Tatsache des Leidtuns nicht am Anfang und nur einmal auf. Wie wirkt der Text des dritten Musters so auf Sie? *Sie erwarten heute, wie in unserem letzten Telefonat besprochen, meine Antwort zum Thema »Moderne Korrespondenz«. Sie kommt nicht, weil ich krank war. Eine Grippe ...* Peng. Knallhart. Eine Alternative: ... *zum Thema »Moderne Korrespondenz«. Ich werde sie Ihnen schicken, wenn ich wieder gesund bin. Eine Grippe ...* Viel anders? Wenn jemand ein Versäumnis tatsächlich nicht bedauert und das deutlich zum Ausdruck bringen will – bitte, es ist seine persönliche Entscheidung. Wie das auf die Empfängerin oder den Empfänger wirkt, ist eine andere Frage.

Das *Hoffen* und die *Höflichkeits-Konjunktive*

***Wir möchten Sie bitten –* Vermeiden Sie überflüssige Konjunktive und gehen Sie mit Superlativen sparsam um.**

Ähnliches gilt für *hoffen. Bitte haben Sie Verständnis für die Verzögerung.* Gegen diesen Satz ist nichts zu sagen. Ich hätte ihn genauso unter das zweite Beispiel setzen können. Wenn ich aber ausdrücken will: Es liegt mir viel daran, dass dieses Verständnis auch wirklich aufkommt; wenn ich mir also wirklich etwas erhoffe, dann lasse ich mir das Wort nicht »vermiesen«. Die alte Wendung: *Wir hoffen sehr, Ihnen damit gedient zu haben, und verbleiben ...* gehört dagegen wirklich in die Mottenkiste.

Dahin können in einem Zuge auch überflüssige Konjunktive »entsorgt« werden. *Hätten Sie die Freundlichkeit ..., Dürften wir Sie bitten ..., Würden Sie die Unterlagen ..., Käme dieser Artikel für Sie ..., Wir möchten Sie bitten ..., Ich möchte mich bedanken ..., Ich möchte betonen ...*
Haben Sie schon einmal darauf geachtet, wie oft jemand sagt: *Ich würde sagen (meinen), dass man in dieser Angelegenheit ...*? Und während er weiterredet, sagt er, was er zu sagen hat. Also *hätte* er es nicht gesagt, sondern er *hat* es gesagt. Genauso ist es bei einem Brief zum Beispiel mit dem *Ich möchte mich bedanken.* Will sich jemand nun bedanken oder lässt er es bleiben? Nach einer solchen Ankündigung folgt aber immer der Dank. Also möchte sich jemand nicht bedanken, sondern er tut es.
Solche *Höflichkeits-Konjunktive* sind übersteigerte Zuvorkommenheit, ebenso überflüssige Steigerungen wie *verbindlichst, höflichst, baldigst.* Zu viele Superlative sind kein Garant für ei-

nen *Super-Briefstil*, im Gegenteil. Gehen Sie lieber sparsam damit um. Wenn beispielsweise in einem Werbebrief in jedem Satz das *Neueste, Aktuellste, Modernste, Bestmögliche* angepriesen wird, beeinträchtigt das die Glaubwürdigkeit. Hüten Sie sich außerdem vor falschen Superlativen wie *bestmöglichste, größtmöglichste, Einzigste, Einzigartigste* und ähnlichen. Das sind keine Stil-, sondern Grammatikfehler.

Superlative / Konjunktive

Sehr verehrte Frau Empfindlich,
für Ihr Schreiben vom ... möchten wir uns bei Ihnen freundlichst bedanken. Bedauerlicherweise fehlen für die schnellstmöglichste Bearbeitung noch einige Unterlagen. Dürften wir Sie deshalb höflichst bitten, uns diese baldmöglichst noch zukommen zu lassen? Wäre es Ihnen möglich, dieser Bitte bis zum ... nachzukommen? Oder käme es Ihnen entgegen, wenn wir diese Frist verlängern würden? Wir möchten an dieser Stelle noch einmal ausdrücklich betonen, dass uns erst der Zugang dieser äußerst wichtigen Unterlagen eine weitere Bearbeitung zu Ihrer Zufriedenheit ermöglicht.
Für Ihre geschätzte Mühe möchten wir schon im Voraus bestens danken.

Mit verbindlichsten Grüßen

Inge Konjunktinowa

Sehr geehrte Frau Normala,
vielen Dank für Ihr Schreiben vom ... Wir würden es gerne sofort bearbeiten, doch dazu fehlen uns noch einige weitere Unterlagen. Bitte schicken Sie uns diese so schnell wie möglich. Klappt das bis zum ... oder brauchen Sie etwas mehr Zeit? Wir arbeiten immer nach dem Motto: Die Zufriedenheit unserer Kundinnen ist oberstes Gebot. Bitte bedenken Sie dazu aber: Wir können erst dann für Sie weiterarbeiten, wenn die Schriftstücke komplett sind. Haben Sie noch Fragen? Dann rufen Sie doch einfach an. Ihr Ansprechpartner ist Andreas Freundlich. Sie erreichen ihn zwischen 9.00 und 17.00 Uhr unter: (01 23) 4 56 78 oder per Fax: (01 23) 8 76 54. Danke für Ihre Mithilfe!

Mit freundlichen Grüßen im Namen des ABC-Teams

Inge Kundennah

Welcher Brief ist nun wirklich empfängerfreundlich? Der erste, *höflichst-gestelzte* oder der zweite? Dieser ist nicht nur modern formuliert, sondern er bietet der Kundin zusätzlich Hilfe an. Das ist bestimmt kundenorientierter als das Konjunktiv-Superlativ-Sammelsurium.

Ausnahme: Negativformulierungen lassen sich durch richtig angewandte Konjunktive in positive Aussagen umwandeln.

Reiben Sie sich eventuell gerade schadenfroh die Hände: *Ätsch, die Autorin hat nicht gemerkt, dass im zweiten Brief auch ein Konjunktiv ist!*? Sie hat! Doch dies ist ein »echter« Konjunktiv: *Das Team würde gern weiterarbeiten, aber es kann nicht!* In diesem Fall ist auch ein *möchten* nicht verkehrt. *Wir möchten es gerne sofort bearbeiten. Aber …* Der Satz könnte auch so aussehen: *Leider sind wir (sehen wir uns) nicht in der Lage, es sofort zu bearbeiten.* Das ist jedoch eine Negativformulierung. Durch den richtig angewendeten Konjunktiv ist daraus die positive Aussage … *gerne sofort* … geworden.
Suchen Sie, so oft es geht, nach solchen Mutationen. Einige Beispiele:

Statt: *Leider können wir Ihnen die Ware nicht pünktlich liefern*
Besser: *Sie werden die Ware in der … Kalenderwoche bekommen*

Statt: *Bedauerlicherweise ist eine Antwort zur Zeit nicht möglich, weil die Sachbearbeiterin im Urlaub ist*
Besser: *Die Sachbearbeiterin ist Frau Sabine Schneider. Sie wird am … aus dem Urlaub zurück sein und sich dann sofort bei Ihnen melden*

Statt: *Leider habe ich seit unserem letzten Telefongespräch nichts mehr von Ihnen gehört*
Besser: *Vielen Dank für unser letztes ausführliches Telefonat*

Statt: *In Ihrem Reklamationsschreiben teilten Sie mir Ihren Ärger mit und dass Sie nicht bereit seien, das Problem zu lösen*
Besser: *Ihr Ärger ist verständlich. Bitte nehmen Sie meine Entschuldigung und meinen Vorschlag an, gemeinsam eine Lösung zu suchen*

Manchmal erfordert es etwas Nachdenken, negative in positive Formulierungen zu verwandeln. Doch es lohnt sich.

Die »Man-iritis«

Perfekter *Sie-Stil* zieht sich durch den gesamten Brief und endet nicht beim Anfangs-Sie.

Ebenso lohnend ist es, sich die »Man-iritis« abzugewöhnen. *Man* ist ein Niemand – weil niemand sich durch *man* angesprochen fühlt. Perfekter *Sie-Stil* erstreckt sich nicht auf das Anfangs-Sie. Er setzt sich durch eine fortlaufende *Sie-Ansprache* fort. Also beispielsweise:

Statt: *Man freut sich doch immer über einen Vorteil, oder?*
Besser: *Sie freuen sich bestimmt über ...*

Statt: *Man sollte die Gelegenheit beim Schopfe fassen*
Besser: *Sie sollten die ...*

Statt: *Man kann davon ausgehen*
Besser: *Sie können davon ausgehen*

Wenn sich das *man* nicht durch *Sie* ersetzen lässt, bleibt diese Möglichkeit:

Statt: *Man ist begeistert von unseren Produkten*
Besser: *Unsere Kundinnen und Kunden sind begeistert von unseren Produkten*

Statt: *Ein tolles Fest. Man war begeistert*
Besser: *Ein tolles Fest. Die Gäste waren begeistert*

So werden Texte aktiver, aussagekräftiger und interessanter. Ein erstrebenswertes Ziel für jeden Brief.

»… bin ich guter Hoffnung …« – Wer bekommt ein Kind?

Findung von Wortbildung zwecks Vereinfachung und Heilung der …ung-Krankheit

Sehr geehrte Redakteurin,
in Beantwortung Ihrer Fragestellung, was ich mir unter der Ausarbeitung dieses Kapitels vorstelle, beeile ich mich zwecks Klarstellung, dieses Schreiben schnellstens zur Versendung zu bringen. Es ist meine Bestrebung, zur Vermeidung und Relativierung oft gebrauchter Anhäufung von Verbalsubstantiven beizutragen. Die Durchführung stelle ich mir wie folgt vor: Mittels Verdeutlichung der Negativwirkung und der Anleitung zur Reduzierung sowie der Zurverfügungstellung einer Veröffentlichung der Alternativlösung will ich versuchen, zu einer Veränderung beizutragen.

Mit freundlicher Verabschiedung

Ihre
Inge Belästigung

Glauben Sie, ich hätte lange für diese »Ironie-Epistel« gebraucht? Schön wär's! Das Gegenteil ist der Fall. Es ist erschreckend, wie mühelos und schnell eine solche Menge (Anhäufung!) von -ung-Wörtern zusammenzustellen ist. Und erstaunlich, wie viele weitere -ung-Synonyme zu einem solchen Stichwort in einem Duden für sinn- und sachverwandte Wörter zu finden sind. Dort nach Alternativen zu suchen, bringt also nicht viel.
Da bleibt nur: Sich selbst schulen (die Eigenschulung!). Dabei hilft die kritische Durchsicht der fremden oder eigenen Geschäftspost und von Behördenschreiben. Das sind wahre Fundgruben! Streichen Sie einfach alle -ungs mit Rotstift an und ersetzen Sie die überflüssigen.

Nicht alle -ungs sind grundsätzlich schlecht. Die aus Haupt- und Tätigkeitswörtern zusammengesetzten Begriffe (Verbal-

Nominalstil !

Nicht alle -ung-Wörter sind ersetzbar, doch lassen Sie bitte die vermeidbaren weg.

substantive), die zu feststehenden Sach-, Raum- oder Personenbezeichnungen geworden sind, zählen nicht zu den angefeindeten Wörtern. Es ergibt keinen Sinn, alle Wörter wie Wohnung, Abordnung, Bedienung, Zeichnung, Verlobung oder Siedlung beispielsweise aus der deutschen Sprache verbannen zu wollen. Das Problem ist: Von dieser tolerierten Sorte gibt es schon reichlich. Kommen dann die Geschehensbezeichnungen wie Aufhebung, Beseitigung, Lagerung, Erneuerung und so weiter noch dazu, entsteht der angeprangerte -ung-Stil. Angereichert wird er, wenn dazu noch folgende -ung-Verbindungen auftauchen: *Zur Durchführung bringen (gelangen), eine Veränderung vornehmen, zur Versendung bringen, eine Untersuchung vornehmen, zur Verteilung bringen* beispielsweise. Werden dazu als kleine Highlights noch -ung-Ableitungen von zusammengesetzten Wörtern eingestreut wie Nichtbefolgung, Zurverfügungstellung, Außerachtlassung oder Inbetriebsetzung zum Beispiel, ist der -ung-Stil perfekt. Dann sieht ein Brief etwa so aus:

Sehr geehrter Herr Sieker,
in Beantwortung Ihres Schreibens vom … möchten wir Ihnen folgende Mitteilung machen: Nach Rücksprache mit der Geschäftsleitung können wir Ihrer Angebotsaufforderung wie folgt entsprechen: Wir bieten Ihnen für die Durchführung aller während der Feierlichkeiten anfallenden Bewachungsarbeiten einen Festpreis an. Dieser ist sowohl abhängig von einer eventuellen Zurverfügungstellung Ihres eigenen Personals als auch von der konkreten zeitlichen Disponierung. Da wir über beide Abwicklungen von Ihnen noch keine konkreten Anmerkungen haben, bitten wir Sie, uns Ihre Vorstellung über die gewünschte Realisierung zukommen zu lassen. Wir werden uns dann sofort wieder mit Ihnen in Verbindung setzen und gegebenenfalls eine Veränderung unseres Angebots zu Ihren Gunsten vornehmen.

Mit freundlichem Gruß
Bewachungsverein XY

Sie meinen, das sei doch ein ziemlich normaler Geschäftsbrief? Damit werden Sie wohl Recht haben. Leider, wie ich finde. Wie viel moderner, flüssiger und kundenfreundlicher kann ein solches Angebot aussehen. Doch hier zuerst die ziemlich wortgetreue Übersetzung in die »Nicht-ung-Sprache«.

Sehr geehrter Herr Sieker,
vielen Dank für Ihre Anfrage vom … Wir möchten Ihnen daraufhin Folgendes mitteilen: Nach Rücksprache mit der Geschäftsleitung können wir Ihnen folgendes Angebot machen: Wir bieten Ihnen für alle während der Feierlichkeiten anfallenden Bewachungsarbeiten einen Festpreis an. Dieser ist sowohl abhängig davon, wie viel eigenes Personal Sie zur Verfügung haben, als auch vom genauen Zeitplan. Da wir über beide Punkte von Ihnen noch keine konkreten Aussagen haben, bitten wir Sie, uns Ihre Wünsche bald mitzuteilen. Wie werden uns dann sofort wieder melden und gegebenenfalls ein neues Angebot mit günstigeren Konditionen für Sie abgeben.

Mit freundlichen Grüßen
Bewachungsverein XY

Schon besser, nicht wahr? Doch nun stellen Sie sich bitte vor, Sie wären Herr Sieker und bekämen dieses Angebot:

Sehr geehrter Herr Sieker,
Sie haben in wenigen Wochen 100-jähriges Geschäftsjubiläum. Dazu schon heute unseren herzlichen Glückwunsch! Für die zu diesem Anlass geplanten Feierlichkeiten suchen Sie einen guten Bewachungsschutz. Vielen Dank für das Vertrauen, das Sie uns entgegenbringen. Wir bieten Ihnen verschiedene Möglichkeiten an, bitte suchen Sie sich die für Sie optimale aus. Entweder schicken wir Ihnen nur wenige, gut ausgebildete Fachleute, die zusammen mit einigen Ihrer Mitarbeiter die gewünschten Objekte bewachen. Das ist die kostengünstigere Variante. Oder wir stellen auf Wunsch das gesamte Personal. In beiden Fällen können wir Ihnen einen Festpreis anbieten. Dieser hängt zusätzlich natürlich auch von der Stundenzahl des Einsatzes ab. Dazu haben Sie in Ihrer Anfrage noch nichts Genaues angegeben. Teilen Sie uns bitte diese Einzelheit noch mit und den von Ihnen bevorzugten Personaleinsatz. Wir werden uns dann gern sofort wieder bei Ihnen melden und das konkrete, günstige Festpreisangebot nennen. Wir freuen uns auf eine Zusammenarbeit.

Mit guten Wünschen für ein angenehmes Wochenende

Bewachungsverein XY

Sigfried Aufpasser
Geschäftsführer

Gefällt Ihnen das Angebot? Nehmen Sie gern zur Kenntnis, dass die Antwort sich zuerst mit Ihrem Jubiläum beschäftigt, und finden Sie die Auswahlmöglichkeit gut dargestellt? Nehmen Sie gern gute Wünsche entgegen? Antworten Sie auf diesen Brief? Ich schätze, ja. Vielleicht auch deshalb, weil sich jemand mit seiner Unterschrift als Ansprechpartner dargestellt hat.
Gründe dafür, dass Sie positiv reagieren, gibt es mehrere. Ein ganz ausschlaggebender Aspekt ist aber mit Sicherheit die Sie-Ansprache. Dieser Brief enthält siebenmal ein *Sie*, fünfmal ein *Ihnen*/*Ihr* und kein -ung-Wort.
Zum Vergleich: Das erste Muster hat ein einsames *Sie* aufzuweisen, neun *Ihr*/*Ihnen* und 13! -ung-Wörter. Der Beweis ist erbracht: Die -ung-Krankheit ist die natürliche Feindin der Sie-Ansprache.

Wenn der Amtsschimmel durch die Geschäftspost galoppiert

Beamtendeutsch, Juristenjargon, Kaufmannssprache – gibt es so etwas wirklich noch?

Ihr Schreiben vom ...

Sehr geehrter Herr Pechmann,

bezugnehmend auf Ihr o. g. Schreiben teilen wir Ihnen mit, dass eine Nachlieferung des von Ihnen nachgeorderten Artikels zur Zeit wegen unvorhergesehener Lieferschwierigkeiten seitens einer unserer Zulieferfirmen leider nicht möglich ist. Die Ersatzartikel, die unverzüglich zur Auslieferung gelangen könnten, entnehmen Sie bitte dem beigefügten Prospekt. Untenstehend finden Sie des Weiteren einige neu ins Programm aufgenommene Waren, die als Ersatzlieferung in Frage kommen könnten. Es wird darauf hingewiesen, dass eine Zurverfügungstellung unsererseits des von Ihnen gewünschten Artikels nicht ohne erneute Auftragstellung Ihrerseits möglich ist. Bitte lassen Sie uns bei Inanspruchnahme eines Ersatzangebotes eine diesbezügliche Information zukommen. Ihrem erneuten Auftrag entgegensehend

verbleiben wir mit verbindlichsten Grüßen

Altmann KG

Papierdeutsch entsteht hauptsächlich durch Substantive, die auf -ung oder -nahme enden.

Oh ja, es gibt sie noch, alle diese Sprachen, und zwar öfter, als Sie vielleicht denken. Beamtendeutsch, Juristenjargon und Kaufmannssprache – auch als Papierdeutsch bezeichnet – treten häufig traut vereint auf, wie dieses Beispiel zeigt.

Welche *Stilmittel* sind es, die diese Sprache *auszeichnen*?

Ein Blick auf Substantive

Zu den bereits im letzten Kapitel ausführlich dargestellten verschiedenen -ung-Versionen kommen weitere substantivische Gebilde. Viele davon enden auf -nahme: Stellungnahme, Einflussnahme, Zuhilfenahme, Inanspruchnahme beispielsweise. Typisch für diesen Stil ist eine ungewöhnliche »Substantivdichte« (mit dieser Wortschöpfung habe ich »Anhäufung« und »Kumulation« vermieden!). *Unter Zuhilfenahme des Handrades im Tragegriff am oberen Rand der Außenhülle wird es ermöglicht, die Inbetriebnahme des Gerätes sowohl im Ruhezustand als auch während der Betriebsbereitschaft manuell vorzunehmen.* Bitte suchen Sie nicht den Hersteller dieses einmaligen Gerätes! Es ist eine rein fiktive Gebrauchsanleitung.

Schachtelsätze und die Passivform sind zwei weitere Merkmale des Beamtenjargons.

Auch Anleitungen sind oft »Papierdeutsch-Profis«. Der Beispielsatz zeigt zusätzlich zu den vielen Substantiven zwei weitere typische Merkmale dieses Stils: Extrem lange Schachtelsätze und Passivform – auch Leideform genannt! Wer leidet? Na klar, ein Adressat beim Lesen.

Der verschwundene Täter im Passiv

Die Passivform gestattet es, einen Handelnden ganz wegzurationalisieren. Der Weg dahin ist einfach. Aktiv: *Ich liefere Ihnen die Ware.* Dabei sind zwei Personen klar bezeichnet. Absender und Empfänger. Passiv: *Die Ware wird Ihnen geliefert.* Nun ist bereits unklar, von wem die Ware kommt. Der Schritt zur totalen Anonymität: *Die Ware wird geliefert.* Diese Form wird auch als »täterabgewandt« bezeichnet. Sie wird besonders oft in Anordnungen, Gebrauchsanweisungen, wissenschaftlichen Abhandlungen und Gesetzestexten verwendet.
Der Grund: Sie hat keinen persönlichen Bezug, weil sie den Handelnden unbezeichnet lässt.

Hier der Beweis:

Rechtsbehelfsbelehrung:

Dieser Bescheid kann mittels der Beschwerde angefochten werden. Die Beschwerde ist bei dem umseitig bezeichneten Amt schriftlich einzureichen oder zur Niederschrift zu erklären. Es ist zweckmäßig, bei schriftlicher Einlegung eine Zweitausfertigung des Beschwerdeschreibens beizufügen. Die Frist für die Einlegung der Beschwerde beträgt einen Monat. Sie beginnt mit Ablauf des Tages, an dem diese Verfügung bekannt gegeben worden ist. Bei Zusendung durch einfachen Brief oder Zustellung durch eingeschriebenen Brief gilt die Verfügung mit dem dritten Tag nach der Aufgabe zur Post als bekannt gegeben, es sei denn, dass sie zu einem späteren Zeitpunkt zugegangen ist. Bei Zustellung mit Postzustellungsurkunde ist Tag der Bekanntgabe der Tag der Zustellung. Bei Einlegung der Beschwerde soll der Bescheid bezeichnet werden, gegen den sich die Beschwerde richtet. Es soll angegeben werden, inwieweit der Bescheid angefochten und seine Aufhebung beantragt wird. Ferner sollen Tatsachen, die zur Begründung dienen, und die Beweismittel angeführt werden.

Ist das ein Kunststück! 13 Zeilen, in denen kein Mensch vorkommt. Eine Spitzenleistung der Anonymität. Losgelöst vom *umseitigen Amt* ist weder ein Absender noch ein Empfänger identifizierbar und die durchgängige Passivform gestattet kein einziges *Sie*.

Dass dieser Stil weder empfängerfreundlich noch kundenorientiert ist, versteht sich von selbst. Die persönliche Ansprache durch die *Sie-Form* ist nur im Aktiv möglich, dieser allein verwandelt aber »Bürokratendeutsch« noch längst nicht in einen modernen Stil.

Ein Vorteil des *Sie-Stils*: Er ermöglicht die persönliche Ansprache des Lesers in der Aktiv-Form.

Oft sind es einzelne Wörter und Redewendungen, die den verstaubten Eindruck trotz Aktivform erwecken. Bitte schauen Sie sich (*diesbezüglich!* kann fehlen) den ersten Musterbrief auf S. 65 noch einmal an. Er ist, bis auf wenige Ausnahmen, nicht im Passiv verfasst. Trotzdem gibt es einen deutlichen Unterschied zu diesem, der den gleichen Inhalt hat:

Sehr geehrter Herr Pechmann,
Sie haben den Artikel »Luftschloss« nachbestellt. Vielen Dank dafür. Ich freue mich, dass Ihnen unser Produkt so gut gefällt, und werde es Ihnen voraussichtlich in der ... Kalenderwoche liefern. »Warum nicht sofort?«, fragen Sie jetzt bestimmt. »Und wieso: voraussichtlich?« Der erste Grund: Ich möchte Ihnen nichts versprechen, was ich nicht halten kann. Sie sollen, wie immer, auf eine pünktliche Lieferung vertrauen können. Der zweite: Der von Ihnen gewünschte Artikel ist nicht mehr am Lager. Die Nachproduktion hängt von der Lieferung einiger Grundsubstanzen ab, die wir von einer Spezialmanufaktur beziehen. Dort gibt es zur Zeit einen Lieferengpass. Deshalb kann ich den genauen Zeitpunkt, wann die Ware bei Ihnen eintrifft, nicht bestimmen. Möchten Sie Ihre Nachbestellung trotzdem aufrechterhalten? Dann brauchen Sie sich um nichts weiter zu kümmern. Sie bekommen das Produkt »Luftschloss« in der von Ihnen gewünschten Menge, so schnell es geht. Bitte benachrichtigen Sie mich aber, falls Sie dieses Angebot nicht annehmen möchten. Sicher kann ich Ihnen dann einen geeigneten Ersatz anbieten.

Vielen Dank für Ihren Auftrag.

Es grüßt Sie freundlich
Neumann KG

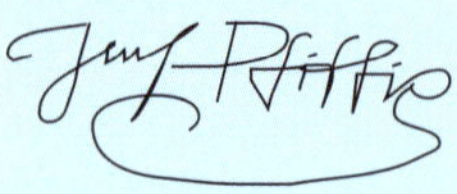

Jens Pfiffig
Leiter Kundendienst

PS: Bitte schauen Sie sich den mitgeschickten Prospekt an. Dort finden Sie das Gesamtangebot und die Novitätenliste. Sagt Ihnen daraus etwas zu? Gerne liefere ich Ihnen sofort anstatt »Luftschloss« einen Ersatzartikel.

Sie meinen, der Brief sei komplett anders? Richtig. Wenn schon modern, dann auch gleich in eine psychologisch geschickte Form bringen. Negativformulierungen in positive umwandeln; unkomplizierte, kundenfreundliche Abwicklung vorschlagen; aus der Not eine Tugend machen.

Wörter der Amtsschimmelsprache

Etwas anderes ist Ihnen beim Lesen aber vielleicht nicht aufgefallen: In diesem Brief gibt es kein *bezüglich, bezugnehmend, anliegend, beigefügt, zwecks, mittels, betreffs, diesbezüglich, untenstehend, unsererseits, Ihrerseits, aufgrund, alsbald, baldmöglichst, vorgenanntes, desselben, in obiger Sache, in der Anlage finden Sie.* Alle diese Ausdrücke sind dem »Wörterbuch der Amtsschimmelsprache« entnommen. Wie oft sie im Laufe eines Jahres in Geschäftsbriefen auftauchen, lässt sich nur schätzen. Die Zahl dürfte Schwindel erregend hoch sein!

Bezüglich, anliegend, beigefügt: Diese Ausdrücke gehören zu einer Liste von Begriffen, die Sie in Ihren Briefen vermeiden sollten.

Hier einige Alternativen: Für alle *bezüglichen* (*bezugnehmend* ist übrigens falsch! *Bezug nehmend* müsste es geschrieben werden) können Sie am Anfang eines Briefes danken oder auf die Situation eingehen (Bezug nehmen!). Anregungen dazu finden Sie in allen Musterbriefen.

Zwecks, mittels und *betreffs* verschwinden von allein, wenn Sie Verbalsubstantive weglassen.

Diesbezüglich kann ersatzlos gestrichen werden, wie der Satz vor dem zweiten Musterbrief beweist.

Unsererseits und *Ihrerseits* erübrigen sich bei einer konsequenten Sie-Ansprache.

Aufgrund wird ersetzt durch: wegen, durch, dank, kraft, deshalb, daher, der Grund: ..., aus diesem Grund.

Alsbald, baldmöglichst sind nicht nur Papierdeutsch, sondern auch sehr ungenau, und das ist für geschäftliche Absprachen immer unklug. Nennen Sie stattdessen ein konkretes Datum.

Vorgenanntes und *in obiger Sache* (ist das etwas, das vom Himmel kommt?) beziehen sich auf etwas Konkretes. Nennen Sie einfach das Kind beim Namen.

***In obiger Sache* – ist das etwas, das vom Himmel kommt?**

Desselben weicht dem besitzanzeigenden Fürwort (Possessivpronomen): *Der Brief von Dir hat mich überrascht. Die Länge desselben gefreut* wird zu *Seine Länge hat mich gefreut.*

Und nun zu den Sinnverwirrern: *anliegend, beigefügt, untenstehend.* Genau betrachtet bedeutet die Formulierung: *Anliegend sende ich Ihnen einige Unterlagen,* dass Sie als Absender/in dem Schreiben *anliegen.* Aber schicken Sie sich wirklich selbst mit? *Beigefügt erhalten Sie* ... ist kaum anders. Der Unterschied: Nun steckt der Empfänger im Umschlag. Einen anderen Standort bekommt dieser durch die Floskel *Untenstehend finden Sie* ... Wo steht er? Vielleicht an der Treppe? Viele Jahre sind diese Üblichkeitsphrasen ungeprüft und wenig kritisiert immer wieder übernommen worden. Inzwischen entwickeln sich regelrechte Allergien dagegen.

Anlagen

Dies trifft ebenfalls auf das *In der Anlage finden Sie* zu. Wo, *bitte, soll ich suchen? Vielleicht im Park oder im Keller bei der firmeneigenen Waschanlage?*, fragen Ironiker. *Als Anlage erhalten Sie ..., Im (über-)nächsten Abschnitt lesen Sie ..., Zusam-*

men mit diesem Schreiben erhalten Sie ... oder *Mit diesem Brief schicke ich Ihnen* ... sind moderne Formulierungen, die diese Grammatikfallen ersetzen.

Bitte vermeiden Sie Fremdwörter und Fachbegriffe

Tauschen Sie ungebräuchliche Fremdwörter aus.

Ausgetauscht werden sollten auch Fremdwörter, die nicht zum allgemeinen Sprachgebrauch gehören. Wie gefallen Ihnen diese Sätze: *Vermeiden Sie bei Ihren Briefen Ableitungen aus syntaktischen Fügungen, Funktionsverbgefügen, den Einsatz des substantivierten Infinitivs sowie Nominalstil, also die Kumulation von Substantiven, wozu ja bereits expressis verbis Stellung genommen wurde. Ebenso die Kumulation von Abbreviaturen – ausgenommen davon sind Akronyme – sowie Tautologien, Redundanzen und Pleonasmen, zu denen Sie im nächsten Absatz (untenstehend!) sowie im nächsten Kapitel noch einige Anmerkungen finden.* Umwerfend, nicht wahr? Auch wenn Deutschlehrer beispielsweise keine Schwierigkeiten haben, diese Empfehlung zu lesen: Das Satzungetüm kann nicht als zum allgemeinen Sprachgebrauch zugehörig bezeichnet werden.

Fachbegriffe, die erst nachgeschlagen werden müssen, sind eine Zumutung für die Empfänger.

Sicher ist eine solche geballte Ladung von Fremdwörtern die Ausnahme. Aber auch einzeln auftauchende Fachbegriffe, die erst mit Hilfe eines Nachschlagewerkes enträtselt werden müssen, erfreuen Empfänger/-innen nicht. Wählen Sie besser eine allgemein verständliche Sprache für Ihre Korrespondenz und gehen Sie vorsichtshalber auch sparsam mit Wörtern aus anderen Sprachen um. Auch dann, wenn diese als allgemein verständlich gelten.

Voraussichtlich wird es Ihnen niemand übel nehmen, wenn Sie beispielsweise *Portmonee* nicht durch *Geldbörse* ersetzen. Schreiben Sie aber in diesem Stil: *Das Know-how unserer Manager macht's möglich: Wir können Sie zu einer Superparty mit coolen Drinks und Barbecue einladen. Wir bitten Sie, weder underdressed noch overdressed zu erscheinen. Das gilt für Teenager genauso wie für die Ladies und Gentlemen,* werden Sie bei vielen Lesern Unmut erwecken. Da rettet die Großschreibung der Hauptwörter auch nicht viel.

Das gilt auch für berufsspezifische Fachausdrücke. Der *Nicht-Insider* (schon wieder so ein neudeutsches Wort!) fühlt sich ausgeschlossen, wenn nicht gar blamiert. Selbst wenn Fachbegriffe in großen Firmen abteilungsübergreifend gebraucht werden, können sie zu Unverständnis führen.

Hüten Sie sich vor einem Zuviel des Guten!

Auf Unverständnis stoßen bei vielen auch Tautologien, Redundanzen und Pleonasmen. Diese drei sind wie Geschwister. Es geht dabei immer um ein Zuviel des Guten. Tautologie bedeutet soviel wie *dasselbe sagen.* Pleonasmen sind inhaltlich überflüssige, verdoppelnde Zusätze und Redundanzen definiert ein Duden als *stilistisch bedingte Überladung einer Aussage mit überflüssigen sprachinhaltlichen Elementen.* Die Grenze zwischen diesen drei Überflüssigkeits-Vertretern ist nicht immer klar zu ziehen.

Achten Sie auf Überflüssigkeits-Vertreter wie *weißer Schimmel, neu renovieren* und *Rückantwort.*

Am leichtesten sind einige typische Pleonasmen zu bezeichnen: *weißer Schimmel, alter Greis, kleiner Zwerg, schwarzer Rappe, weibliche Zuchtstute, weißer Schnee* beispielsweise.
Auch Zusammensetzungen wie *Einzelindividuum, Gesichtsmimik, hinzuaddieren, auseinander dividieren* (wird häufig gebraucht!), *neu renovieren* (ebenfalls oft zu sehen!), *nutzlos vergeuden, weiter fortfahren, mit einbeziehen, nochmals überprüfen* (immer wieder gern geschrieben!) und die *Rückantwort* (überall zu finden!) zählen zu den unbeliebten *Doppeln.*
Redewendungen wie: *Muss ich Ihnen leider zu meinem Bedauern mitteilen …, Wie bereits schon gesagt …, … haben wir uns einander gegenseitig versichert …, … könnte ich höchstens nur …, … gefällt es ebenso auch, die …* oder *… kann ich Ihnen lediglich nur 2% Skonto …* zählen fast zum festen Bestand eines Korrespondenzfundus. Ebenso *abkopieren, anempfehlen, übersenden, austauschen, einbezahlen* und ähnliche Wörter, bei denen die erste Silbe in der modernen Korrespondenz fehlen sollte.
Trennen Sie sich nicht nur von allen diesen *Dasselbe-Sagern,* sondern stellen Sie den Amtsschimmel mit seinem kompletten Zaum- und Sattelzeug endgültig in den Stall. Geben Sie ihm ruhig das Gnadenbrot, indem Sie seine Rasse in anderen Briefen nachsichtig lächelnd erkennen, aber lassen Sie ihn nicht mehr durch Ihre eigene Geschäftspost galoppieren!

a. s. a. p. – antworte schnell auf Polnisch?

Über unnütze, falsche und andere Abkürzungen

Sehr geehrte Frau Schnell,
herzl. Dank für Ihr o. g. Schreiben v. 30. d. M. Ich freue mich, dass dergl. prompte Reaktion heutzt. noch möglich ist. Deshalb hier ganz schnell meine Resp.: M. E. ist es für Sie günstiger, wenn Sie den Azubi nicht in Ihre Fa. aufnehmen. Es könnte u. U. zu Schwierigkeiten mit dem jr. führen. Bitte vergl. Sie nur die Situation s. Z.! Im Vertrauen kann ich Ihnen mitteilen: Sein ZU ist nicht o. k.! Sie wissen: Eine Änderung desselb. ist n. zul. Sobald ich Neues, Interessantes o. ä. erfahre, gebe ich Ihnen Bescheid.

MfG

Benehmen ist angeblich Glücksache. Abkürzungen sind es offensichtlich auch. Selbst eine kleinere Menge von Abkürzungen ist nicht nur unerfreulich, sie führt auch zu Missverständnissen.

Wer *MfG* schreibt, kann sich die *freundlichen Grüße* auch ganz sparen.

Resp. – Respekt vielleicht? Nein, passt nicht zu *meine*. Also vielleicht doch *Respons*? Und wohin sollte der Azubi nicht aufgenommen werden? In die Familie oder in die Firma? Firma wäre naheliegend, wenn mit *jr. Jurist* gemeint ist. Bedeutet es aber *Junior*, kommt wieder beides in Betracht. Was um alles in der Welt ist ein *ZU*? Na, wenigstens die Bedeutung von *MfG* ist klar. Allerdings: Wie weit ist es mit der Freundlichkeit denn her, wenn sich jemand nicht einmal die Zeit nimmt, diese durch einen ausgeschriebenen Gruß zu dokumentieren? Diese Abkürzung hat in einem Brief nichts zu suchen, alle weiteren Kürzel sollten Sie in der Korrespondenz so sparsam wie möglich verwenden.
Abkürzungen verbessern einen Schreibstil nicht, sie tragen eher zur Verhunzung bei – auch wenn einige gängige nicht zur Ver-

wirrung führen. Taucht auf einer Rechnung zum Beispiel *zzgl.* oder *incl.* auf, wird niemand an der Bedeutung zweifeln. Ebenso sind *usw.*, *z. B.* und *bzw.* allgemein bekannt. Trotzdem ist es besser, in Briefen auch auf diese zu verzichten.

Wenn sie einmal nicht zu vermeiden sind: Wie schreibt man Abkürzungen richtig?

Abkürzungen sollten Tabellen und Übersichten vorbehalten bleiben, wenn sie dort aus Platzmangel berechtigt sind. Achten Sie dann darauf, solche Kürzel richtig zu schreiben. Sehr häufig sieht beispielsweise das *z.B.* so aus wie gerade geschrieben. Doch das ist falsch. Folgen zwei (oder mehr) Abkürzungen aufeinander, werden sie mit Leerschritt geschrieben. Richtig ist also: *z. B.* Diese Regel gilt ebenso für: *d. M.*, *i. H. v.*, *m. E.*, *u. v. a.* und ähnliche.

Abkürzungen sind aus Platzmangel berechtigt und sollten Tabellen und Übersichten vorbehalten bleiben.

Abkürzungen, die im vollen Wortlaut des nicht gekürzten Wortes gesprochen werden, bekommen zum Schluss einen Punkt und keine Leerschritte. Beispiele: *bzgl. evtl. stdl. tgl. usw.* Sich diese Regel zu merken, lohnt sich nur für das letzte Beispielkürzel. Alle anderen fallen unter die Nicht-Empfehlenswerten.
Dazu gibt es noch Abkürzungen, die nicht nur ohne Leerzeichen, sondern auch ohne Punkt geschrieben werden. Das sind solche, die wie selbstständige Wörter oder buchstäblich gesprochen werden wie: *BGB, AG, KfZ, PS, OHG, GmbH, BLZ, ARD, UNICEF, Hapag, TÜV, NATO* oder *UNESCO* beispielsweise.
Die letzten, die als selbstständige Wörter betrachtet werden, sind sogenannte Initialwörter – die im »Fremdwörtersatzungetüm« auf S. 70 angesprochenen Akronyme. Für diese gilt die sonstige Vermeidungsempfehlung für Abkürzungen – *Abbreviaturen* – nicht. Ebenso müssen die buchstäblich gesprochenen Kürzel nicht vermieden werden. Wer hätte schon Lust, in einem Brief zum Thema *ARD* mehrmals *Arbeitsgemeinschaft der öffentlich-rechtlichen Rundfunkanstalten der Bundesrepublik Deutschland* zu lesen. Oder sich wiederholt durch *United Nations Educational, Scientific and Cultural Organization (Organisation der Vereinten Nationen für Erziehung, Wissenschaft und Kultur)* zu kämpfen?

Träfe ein weiterer Ratschlag zu Abkürzungen auf das letzte Beispiel zu, müsste die deutsche Übersetzung jedes Mal dabeistehen. Dieser besagt – allgemein bekannte Initialwörter ausgenom-

Vermeiden Sie ausländische Abkürzungen, sie gelten als unhöflich.

men –, dass ausländische Abkürzungen nicht verwendet werden sollten. Sie stiften Verwirrung, wie die Kapitelüberschrift beweist. *A. s. a. p.* kommt aus dem Englischen und bedeutet *as soon as possible.* Dieses Kürzel bei der Bitte um Antwort in einer deutschen Einladung zu verwenden ist unhöflich.

Kürzel für Einladungen

Andere Kürzel hingegen sind in Einladungen gebräuchlich. Sie haben einen »Üblichkeits-Sonderstatus« unter den Abkürzungen. *U. A. w. g. – Um Antwort wird gebeten* ist die gängige Ersatzlösung, wenn der Platz für einen ganzen Satz nicht ausreicht. Die französische Version: *R. s. v. p. – Respondez s'il vous plaît* war früher ebenfalls weit verbreitet. Sie ist jedoch derart aus der Mode gekommen, dass sie inzwischen zu den *Unverständlichen* gehört.
Ebenfalls aus dem Französischen stammt das *p. m. – pour mémoire.* Es ist nach wie vor *en vogue*, wenn zum Beispiel eine schriftliche Einladung einer bereits mündlich angekündigten folgt. Bei gedruckten Einladungskarten wird das *p. m.* dann handschriftlich zugefügt.

Auf Einladungen sind die Zusätze c. t. und s. t. gebräuchlich. Diese Kürzel haben einen Üblichkeits-Sonderstatus.

Aus dem Lateinischen stammen zwei »Zeitzusätze«, die zur allgemeinen Einladungssprache zählen: *c. t. – cum tempore*, wörtlich übersetzt *mit Zeit*, bedeutet, dass die Gäste gern etwas später als zur angegebenen Uhrzeit eintreffen können. Steht bei der Zeitangabe für den Beginn einer Veranstaltung hingegen *s. t. – sine tempore,* also *ohne Zeit*, wird genaue Pünktlichkeit erwartet. Diese Abkürzungen sind vorrangig bei sehr offiziellen Einladungen zu finden. Bei einer Feierstunde oder einem Festakt beispielsweise wird der Zusatz *Beginn 11.00 Uhr s. t.* oft aus diesem Grund gewählt: Die Gäste sollen darauf aufmerksam gemacht werden, dass sie zu dieser Uhrzeit bereits auf ihren Plätzen sitzen sollen und nicht erst gerade an der Garderobe erscheinen. Selbstverständlich ist es kein Muss, solche Kürzel in Einladungen zu verwenden (→ Einladungsmuster auf S. 126– 131). Ist genügend Platz vorhanden, können Sie alle diese Angaben auch ausformuliert in ganzen Sätzen bekannt geben – ist der letzte Satzteil nicht wie *schwarzer Rappe*?

Humor ist, wenn man trotzdem lacht!

Müssen humorvolle Geistesblitze und Fantasie aus Geschäftsbriefen verbannt werden?

Sehr geehrter Herr Neukundig,
kennen Sie den: Kommt ein Mann zum Arzt – mit 'nem Messer im Bauch. Fragt der Doktor: »Tut's weh?« – »Nö«, sagt der Mann, »nur wenn ich lache.« »Ja, wo ist denn dann das Problem? Sie haben doch sowieso nichts zu lachen!« Tolles Fazit vom Doktor, was? Damit Sie was zu lachen haben, auch ohne Messer im Bauch, liefern wir Ihnen einen ganz neuen Service. Ab sofort können Sie ...

Ist das ein humorvoller Geschäftsbrief? Wird dieses Angebotsschreiben erfolgreich sein? Bekäme ich einen solchen Brief, bräuchte ich kein Messer, um *Aua!* zu schreien. Platte Witze und Humor haben vergleichbar ebenso wenig Ähnlichkeit miteinander wie ein Holzhammer mit einem Streicheln.

Manche Menschen verwechseln Humor mit Schadenfreude.

Oft wird auch Humor mit Schadenfreude verwechselt. Curt Goetz hat das sehr treffend ausgedrückt: *Unter Humor verstehen die meisten Menschen das Gelächter über Dinge, die anderen zugestoßen sind.*
Auch Ironie und Humor werden häufig in einen Topf geworfen. Laut Kreuzworträtsellösung bedeutet Ironie jedoch: feiner Spott. Spott ist oft verletzend. Humor dagegen kann wie Balsam wirken, wie ein Sonnenstrahl im grauen Alltag.

Die Grenzen zwischen Witz, Ironie und Humor zu ziehen, ist nicht ganz einfach.

Es ist sehr schwierig, die Grenzen zwischen Witz, Ironie und Humor zu ziehen. Der Hauptgrund dafür ist die Verschiedenheit der Menschen. Was der eine noch als humorvoll empfindet, kann für einen anderen bereits die Grenze überschreiten. Deshalb eignen sich humorvolle Geschäftsbriefe hauptsächlich für bereits länger bestehende Geschäftsbeziehungen. Ist ein gewisser Bekanntheitsgrad erreicht, lässt sich leichter abschätzen,

welche »Humorstufe« beim anderen ankommt. Doch eine Dosis Humor ist auch unter Fremden nicht verboten. Wie ein richtig gewähltes und sparsam eingesetztes Gewürz einer Speise die richtige Würze gibt, kann eine Humorprise einem Brief den letzten Pfiff geben. Oder einer Mahnung beispielsweise die Schärfe nehmen (→ Musterbriefe, S. 210–216).
Selbstverständlich gibt es Schreiben, eine letzte Mahnung mit Androhung eines gerichtlichen Verfahrens oder eine Kündigung zum Beispiel, wo Humor fehl am Platz ist. Ein Angebot muss jedoch nicht darauf verzichten, es sollte aber einen anderen Aufhänger bekommen als das Anfangsbeispiel. Hier ein Vorschlag:

Sehr geehrter Herr Neukundig,
Kurt Tucholsky hat einmal gesagt: »Wenn ein Mensch ein Loch sieht, hat er das Bestreben, es auszufüllen. Dabei fällt er meist hinein.« Wir haben ein Loch gesehen! Und sind bei dem Versuch, es zu stopfen, nicht hineingefallen.
Wir füllen seit kurzem mit einem ganz neuen Service eine Marktlücke.
Ab sofort können Sie …

Gefällt Ihnen diese Idee besser? Mit welchem Werbebrief hat der neue Service wohl mehr Erfolg? Mich reizt der zweite Einstieg jedenfalls zum Weiterlesen im Gegensatz zur spontanen »Wegwerfreaktion« beim ersten. Dazu trägt nicht nur der Inhalt des Zitats bei.

Mit Gefühl und Verstand: Gut gewählte Zitate helfen beim Einstieg

Zitate sind bewährte Aufhänger, um die Leseneugier zu erwecken.

Ein Bonmot ist generell ein bewährter Einstieg, der neugierig macht. Allerdings nur unter der Voraussetzung, dass es adäquat gewählt ist. Kurze Zitate können Sie auch gut als Betreff-Ersatz einem Brief voranstellen. Für Glückwunschbriefe, Weihnachtspost und Ähnliches eignen sich Zitate und Aphorismen ganz besonders (→ Musterbriefe, S. 149, S. 218 und S. 240).

Legen Sie sich am besten einige Zitatensammlungen zu, dort können Sie für viele Gelegenheiten fündig werden. Doch selbst wenn Sie alle auf dem Markt befindlichen dicken Wälzer mit Zitaten in der Ecke haben, werden Sie nicht für jeden und jedes etwas Passendes finden. Dann können Sie mit etwas Fantasie »Umleitungen« zum eigentlichen Thema kreieren. Die Gedankenkette im letzten Beispiel: *Loch – Marktlücke – füllen – anbieten* zeigt das. Oder Sie wählen ein Zitat, dem Sie widersprechen. Ein Beispiel für eine Geburtstagseinladung:

George Bernhard Shaw war der Meinung: »Nur ein Narr feiert, dass er älter wird.« Schade, dass ich darüber nicht mehr mit ihm diskutieren kann! Ich bin da ganz anderer Meinung. Deshalb möchte ich mit euch meinen 60sten Geburtstag feiern. Und fühle mich keineswegs als Narr!

Oder für eine Mahnung:

Ernst Hohenemser sagte: »Wer vergesslich ist, hat auch kein Herz.« Doch wir glauben das nicht. Jeder kann einmal etwas vergessen, selbst der Gutherzigste. Und wenn wir Sie jetzt daran erinnern, dass die letzte Rechnung noch nicht bezahlt ist, sind wir ganz sicher: Sie werden den Betrag sofort überweisen …

Zitate sind mögliche Hilfen, einen allzu trockenen Ton und bierernste Briefe etwas aufzulockern. Doch das geht auch durch einen persönlichen Stil. Hier ein Beispiel für einen Brief, der einem Treffen gut bekannter Gesprächspartnerinnen folgte:

Hallo, liebe Frau Wolff,
es war schön bei Ihnen! Das nächste Mal sollten wir unbedingt mehr Zeit einplanen. Wenn sich unser Kleeblatt trifft, dann sprudeln die Ideen ja nur so. Danke noch einmal, dass Sie sich Zeit genommen haben, und ganz herzliche Grüße aus dem sonnigen Schwarzwald.
Bis bald Ihre

Sabine Trautmann
Kurhotel Sonnenstrahl
Leiterin Bankettabteilung

Susanne Wohlbekannt
Kurhotel Sonnenstrahl
Presse- und Öffentlichkeitsabteilung

Zu diesem Ton passt auch ein Briefschluss derselben Schreiberinnen einige Zeit später:
... Zum Schluss noch eine schlechte Nachricht: Die »Gastronomie Heute« hat kein Interesse mehr an einer Veröffentlichung. Und auf den allerletzten Drücker noch was Positives: Das »ABC-Magazin« ist – bundesweit! – nach wie vor heiß auf das Thema. Und wir sind heiß auf ein gesundes und munteres Wiedersehen mit Ihnen. Bis dahin ganz herzliche Grüße von ...

Wenn der Stil zum Vertrautheitsgrad zwischen den Geschäftspartnern passt, können humorvolle Briefe freundliche Lichtblicke im Büroalltag sein.

Solche Briefe sind im *Bezugnehmend-Anbei-Geschäftsbrief-Dschungel* wahre Lichtblicke. Dass eine Formulierung wie ... *und wir sind heiß auf* ... sich nicht für einen Erstkontakt eignet, ist klar. Der Stil muss zum Vertrautheitsgrad und zum sonstigen Umgangston zwischen Geschäftspartnern passen. Wird im Mündlichen ein locker-flockiger Stil gepflegt, kann dieser problemlos auch im Schriftverkehr aufgegriffen werden.

Apropos: aufgreifen. Hier ein Beispiel für Humor in Geschäftskorrespondenz, der durch das Aufnehmen eines Cartoons als Faxanlage entstanden ist.

Die Ausgangslage: Telefonische Anfrage, ob es möglich sei, zwei Drehbücher innerhalb einer bestimmten Frist zu überarbeiten. Lieferung der beiden zur Durchsicht.

1. Der beauftragte Autor schickt einen Faxcartoon mit einer karikierten Darstellung von Napoleon und dem Text: *Dieser Auftrag wird unser Waterloo!* Weiter schreibt er: *Überarbeitung nicht möglich, zu schlecht, muss neu geschrieben werden. Melde mich telefonisch.*
2. Die Antwort des Auftraggebers nach dem Telefonat beginnt so: *Herzlichen Dank für Ihre Bereitschaft, die Aufgabe doch zu übernehmen. Ich freue mich, dass wir in einem Blitztelefonat aus dem sich am Horizont zeigenden Waterloo eine »Leipziger Völkerschlacht« gemacht haben (wo »wir« ja die Sieger waren). Wie besprochen ... (Es folgen Einzelheiten zum Text) ... Nun warte ich auf Ihr Fax mit dem Inhalt »Die Sonne geht auf: Bis zum ... ist die Neubearbeitung fertig«.*
3. Das nächste Fax des Autors kommt als Fax-Cartoon. Er hat zu einem bestehenden Text: *Die Lieferung kommt am ...* einige handgemalte Wolken mit versteckter Sonne und den Text *Am Tag des Siegers* anstatt Datum zugefügt. Er schreibt: *Vielen Dank für Ihren wie immer humorvollen Brief. Doch leider muss ich Sie etwas enttäuschen. Erstens habe ich kein »Sonnenfax«, zweitens ist meine »Überarbeitungs-Sonne« auch hinter einigen dicken Wolken versteckt. ... In den nächsten Wochen ist mein Terminkalender so voll, dass ich schon Magenschmerzen bekomme, wenn ich nur*

reinschaue. Bitte geben Sie mir etwas mehr Zeit. Ich wage mal die vorsichtige Prognose, dass die »Leipziger Völkerschlacht« für das erste Werk Ende Februar geschlagen sein könnte. Ein etwas längeres »Kampfgetümmel« wäre mir natürlich lieber ... Wenn schon kein »Sonnen-Fax«, dann wenigstens sonnige Grüße ...

4. Nächster Brief des Auftraggebers: *Vielen Dank für Ihr Fax. Ja, ab und zu ist es auch in meinem Büro mal sonnig. Ich freue mich, dass ich eine gute Nachricht für Sie habe: Die Termine zur Fertigstellung der beiden Projekte sind auseinandergezogen. Damit komme ich Ihrem Wunsch nach einem längeren Kampfgetümmel ja dergestalt entgegen, dass nicht nur die »Leipziger Völkerschlacht«, sondern auch Waterloo geschlagen werden kann. Für die zweite Bearbeitung hätten Sie mit Ihren kriegerischen Aktivitäten drei Monate länger Zeit. Ich hoffe, dass wir in diesem Terminrahmen den »Krieg« über die Bühne bringen können.*
5. Antwort des Autors: *Vielen Dank für Ihr Friedensangebot. Die von Ihnen angedachten Zeiträume machen für mich aus der Aktion zwar immer noch keinen »Osterspaziergang«, aber zumindest kann ich sie nun wohl ohne »Waffen« über die Bühne bringen.* (Es folgen Honorarfragen.)
6. Der Brief zur Beantwortung beginnt mit: *Ich freue mich, dass wir nun den Westfälischen Frieden geschlossen haben. ... Und nun noch zur »Reparationszahlung«: Wenn Autoren gut und kompetent sind (und darüber hinaus auch noch nett), macht man ... (Es folgt ein Angebot). Ich hoffe, dass wir uns damit dem »Friedensschluss von Versailles« (nach dem Westfälischen Frieden) mit großen Schritten genähert haben ...*
7. Der Abschlussbrief des Autors lautet: *Vielen Dank für Ihr Fax vom 17. Januar mit den zahlreichen Antworten, dem netten Kompliment (eingeklammerte Komplimente haben einen besonderen Stellenwert, denke ich) und dem endgültigen »Friedensangebot«. Wenn dies bedeuten würde, dass mit dem Friedensschluss nun auch zwingend unsere Korrespondenz zu Ende gehen müsste, würde ich allerdings alles daransetzen, ihn noch eine Weile hinauszuzögern. Denn Ihre Briefe erhellen mir jedes Mal den grauen Arbeitsalltag und sind mit weitem Abstand die humorvollsten in meiner geschäftlichen Sammlung. Da aber zum Glück durch weitere Aktivitäten ein endgültiges Ende unserer »Schreiberei« nicht zu befürchten ist, kann ich getrost erst mal dem »Friedensschluss von Versailles« zustimmen. Die Geschichte hält ja für zukünftige Projekte noch reichlich andere bereit, die wir dann schließen können ...*

Ein seltenes Beispiel, meinen Sie? Damit haben Sie ganz sicher Recht. Dazu gehören zwei Menschen, die nicht nur Humor, sondern auch Spaß am Schreiben haben. Und es bedarf einer vorausgegangenen harmonischen Geschäftsbeziehung, um eine solche Idee überhaupt erst aufkommen zu lassen. Wenn dies so ist, lohnt es sich, einen trockenen Geschäftsbrief mit persönlichen Zutaten zu würzen. Es müssen ja nicht unbedingt »Kriegsabhandlungen« sein.

Ich hab' die Faxen dicke!

Gefaxte Briefe – Brieffaxe: Gibt es einen Unterschied?

Die Begriffe für verschiedene Faxformen laufen im allgemeinen Sprachgebrauch munter durcheinander. Zuweilen wird ein firmenintern genormter Vordruck für Faxe als Brieffax bezeichnet. Gelegentlich auch ein *Vorreiter*, das Deckblatt also, welches der eigentlichen Mitteilung vorausgeht. Diese sind oft als »Kreuzchenbrief« (→ ❑ *Zur Info* ❑ *Mit Dank* ❑ *Eilt* ❑ *Antwort*, S. 84–86) aufgemacht.

Ein gefaxter Brief gleicht äußerlich dem mit der Post verschickten Schreiben.

Beide Formen sind durch die Gestaltung deutlich anders als ein gefaxter Brief. Er unterscheidet sich in der äußeren Form nicht von dem per Post verschickten. Sehr häufig werden Briefe aus Zeitgründen vorab gefaxt und dann auf dem Postweg hinterhergeschickt. Das geschieht hauptsächlich dann, wenn es sich um ablagebestimmte Schreiben handelt. In solchen Fällen ist es höflich, dem Adressaten direkt den folgenden Postversand mitzuteilen. Der Grund: Das notwendige Umkopieren von Thermo- auf Normalpapier wird dadurch gespart.
Diese Geste wird erst dann überflüssig, wenn weniger Geräte mit dem vergilbgefährdeten Thermopapier arbeiten. Zur Zeit sind die Normalpapier-Kopierer noch die absolute Minderheit. Ein Zusatz wie: *Vorab per Fax, Original folgt per Post* kann sowohl maschinengeschrieben als auch handschriftlich eingesetzt werden.

Mit handschriftlichen Zusätzen Zeit sparen

Die Besonderheit bei Faxen: Handschriftliche Zusätze sind keine Ausnahme, sondern üblich.

Handschriftliche Zusätze sind bei Faxen auch im geschäftlichen Bereich gang und gäbe. So setzt es sich immer mehr durch, eine kurze Antwort auf dem Originaltext zurückzusenden. Diese Praxis sollte aber vorrangig in vertrauten Geschäftsbeziehungen angewendet werden – es sei denn, ein Vorgang ist extrem eilig. Dann kann ein/e Absender/in diese Möglichkeit auch unter Fremden direkt vorschlagen, etwa mit einem Satz: *Bitte einfach mit Ihrer Antwort auf diesem Schreiben zurückfaxen.*

Oft wird ein Fax aus Bequemlichkeit anstatt aus Dringlichkeitsgründen gesendet.

Wundern Sie sich vielleicht über diesen »Extrem-eilig-Hinweis«? Die Zeiten, in denen das Medium Fax hauptsächlich als Dringlichkeitsmittler genutzt wurde, sind längst vorbei. Es ist bequemer und oft auch kostengünstiger, einen Brief zu faxen, als ihn per Post zu verschicken. Dadurch ist eine Faxflut entstanden, die teilweise bereits ärgerlich ist. Schließlich verlagert ein Fax einen Teil der Kosten automatisch auf die Empfänger/-innen. Deshalb ist der gute alte Brief in vielen Fällen besser als ein Fax. Zum Beispiel bei einem ersten Kontakt für den Aufbau einer Geschäftsbeziehung, bei offiziellen Glückwünschen, Danksagungen, Weihnachtsgrüßen und Einladungen.

Das bedeutet allerdings nicht, dass zu den letztgenannten Anlässen ein Fax immer *daneben* wäre. Die Entscheidung pro oder kontra hängt nicht von den Kriterien geschäftlich oder privat ab. Ausschlaggebend sind vielmehr diese Überlegungen: Wie traditionell denkt und empfindet ein/e Empfänger/in? Wie distanziert oder eng ist die Beziehung? Ein Beispiel zum Weihnachts- oder Geburtstagsfax: Unter Fans dieses Kommunikationsmittels kann ein solcher unkonventioneller Gruß Freude bereiten. Bei konservativen Menschen und besonders bei der älteren Generation erwecken solche Faxe schnell diesen Eindruck: *Aha, vergessen* oder gar *Zu formlos, wenig stilvoll.* Entscheiden Sie sich also nur in vertrauten Beziehungen für eine Einladung, einen Dank, Glückwunsch oder Weihnachtsgruß auf dem Faxweg. Das gilt ebenso für Cartoons als Vorblatt.

Cartoons & Co.

Die Entscheidung, ob Sie Glückwünsche per Fax verschicken, hängt von Ihrer persönlichen Beziehung zum Empfänger ab.

Vor Cartoons wird in letzter Zeit auch aus einem anderen Grund immer wieder gewarnt: Sie sind Geldfresser. Genauso wie dicke Balken, aufwendige Logos, Grautöne, Schraffuren, Hintergrundmuster, kariertes Papier, senkrechte Linien und übergroße, fette Schriftarten auf einem normalen Briefbogen verlängern Cartoons die Übertragungszeit. Sie kosten also mehr Geld, und zwar für die oder den Sendenden.

Dazu stellt sich allerdings diese Frage: *Ist es wirklich immer nötig, einen Pfennigbetrag zu sparen?* Unter Kolleginnen und Kollegen, in vertrauten Geschäftsbeziehungen und zwischen Freund(inn)en und Verwandten können solche Cartoons wie

ein Sonnenstrahl den grauen Alltag erhellen. Vorausgesetzt, sie sind tatsächlich humorvoll (→ *Humor ist, wenn man trotzdem lacht*, S. 75–79) und entsprechen dem Anlass. Auf offizieller Ebene und in distanzierten (Geschäfts-)Beziehungen eignen sie sich allerdings nicht. Wägen Sie also das Pro und Kontra nicht nur unter finanziellen Aspekten immer sorgfältig ab.

Bitte unbedingt beachten: Faxtabus

Ein absolutes Tabu: Kondolenzbriefe als Fax verschicken.

Zu einem Anlass brauchen Sie sich hingegen nicht einmal die Grundsatzfrage: Fax – ja oder nein? zu stellen: bei einem Kondolenzbrief. Er gilt aus Höflichkeitsgründen als absolutes Faxtabu. Ein solches gibt es aus anderem Grund für unangeforderte Werbung. Sie ist laut § 1 UWG (Gesetz gegen den unlauteren Wettbewerb) verboten. Die Rechtslage dazu ist eindeutig. Für andere Rechtsgebiete gilt dies nicht uneingeschränkt – es gibt laufend Veränderungen und neue Urteile. Sichern Sie sich also von Fall zu Fall durch gezielte Fragen bei einem Spezialisten vorher ab, ehe Sie auf die Rechtsgültigkeit eines Faxes vertrauen.

Bedenken Sie bitte auch, dass Briefgeheimnis und Fax natürliche Feinde sind. Vertrauliche Mitteilungen und zu Persönliches sollten nicht gefaxt werden. Die Gefahr ist zu groß, dass sie in die falschen Hände und somit schutzlos unter fremde Augen geraten. Das unüberlegte Absetzen eines »Intim-Faxes« kann eine (Geschäfts-)Beziehung mehr als belasten.

Verärgerung ruft in vielen Fällen auch ein Mammutfax hervor. Übermitteln Sie deshalb Endlossendungen nur nach vorheriger Absprache. Das zeichnet Sie als höfliche/n Faxpartner/in aus. Nehmen Sie für kurze Botschaften auch ruhig kleinere Formate als DIN-A4-Bogen, zum Beispiel DIN-A5 quer. Das spart Zeit und Geld für beide Seiten. Gleiches gilt, wenn Sie auf ein Vorreiter-Deckblatt verzichten. Es ist in vielen Fällen überflüssig. Sinn macht eine solche zusätzliche Seite nur, wenn sie gleichzeitig für notwendige weitere Informationen genutzt wird.

Vermeiden Sie es, Geschäftspartner durch Mammutfaxe zu verärgern.

Macht es Sinn, Faxnummern auf dem Vorblatt anzugeben?

Warum viele eine völlig entbehrliche Mitteilung auf einem solchen Blatt nach wie vor als nötig betrachten, ist ein ungelöstes Rätsel: die Faxnummer des Empfängers. Er kennt sie, die oder der Absendende ebenfalls. Wozu soll sie also dienen? Anders als bei der Postleitzahl beim Brief ist sie für die richtige Zustellung nicht erforderlich. Sie ist schlichtweg überflüssig.
Hilfreich hingegen ist die Faxnummer des Absenders. Manchmal ist das Entziffern der automatisch eingedruckten Absendernummer schwierig. Dann erleichtert eine solche deutliche und gut lesbare Angabe die Antwort. Auf diese Nummer sollten Sie deshalb nicht verzichten, ebenfalls nicht auf einen freundlichen Gruß. Alle modernen Möglichkeiten, die für Briefe zur Verfügung stehen (→ *Das Brief-Lego-Spiel*, S. 34–44), eignen sich auch für Faxe.

Ein ungelöstes Rätsel: Wozu dient die Faxnummer des Empfängers auf dem Vorblatt?

Wann »Kreuzchenbriefe« ihren Zweck erfüllen

Im Berufsalltag ist es kaum noch vorstellbar, ohne sie auszukommen. Ob als selbstklebender Zettel, in einem DIN-Format, betriebsintern oder -extern, überall finden diese vorgedruckten Kurznachrichten Verwendung.
Doch Vorsicht: So praktisch sie auch sind, so viel Zeit durch sie gespart werden kann – sie eignen sich nicht immer. Haftnotizen oder andere kleine Zettel sollten Sie bei der externen Korrespondenz ganz vermeiden. Für eine schnelle Notiz, einen Hinweis oder als Memo im Kollegenkreis tun sie gute Dienste. Als Ersatz für ein Begleitschreiben nach draußen sind sie keine guten Imageträger.

Pro und kontra Visitenkarte

Die Visitenkarte: Sie ist der Vorläufer der Kurzmitteilungen.

Reicht bei bestimmten Gelegenheiten ein Gruß in Verbindung mit der Absenderangabe, ist eine Visitenkarte die bessere Wahl. Sie ist quasi der Vorläufer vorgedruckter Kurzmitteilungen. Schon als noch niemand über diese modernen Rationalisierungsmöglichkeiten nachdachte, wurden Visitenkarten als Kurzbriefersatz verwendet. Daran hat sich bis heute nichts geändert.
Verändert haben sich aber die Versandformen und deshalb ist eine Visitenkarte nicht mehr immer zeit- und arbeitssparend. Sollen zum Beispiel Unterlagen im Fensterumschlag verschickt werden, hilft sie wenig bei der Arbeitsersparnis. Dann bietet sich eine Kurzmitteilung mit integriertem Adressfeld an. Soll sie in einem DIN-lang-Umschlag verschickt werden, ist das entsprechende Format am praktischsten. Hierbei entfällt sogar der Knickvorgang, der bei größeren Formaten sonst nötig wird.
Diese Überlegung sollte bei Ihrer Auswahl eines Vordruckes aber nicht ausschlaggebend sein. Im Vordergrund stehen De-

tails wie Corporate design, Anzahl der gewünschten oder benötigten Stichwörter, die Wichtigkeit eines Freiraumes für zusätzliche handschriftliche Informationen oder Grüße.

Ein Feld für handschriftliche Informationen

Ein solches Feld »zur freien Verfügung« ist wesentlich empfängerfreundlicher als eine unübersichtliche Kästchenreihe. Erstens, weil Sie selbst mit vielen Stichwörtern nicht jede Gelegenheit, Situation oder Bitte abdecken können. Zweitens wirkt ein gedruckter »Kreuzchenbrief« mit einem handschriftlichen Zusatz sofort persönlicher. *Wie immer leider sehr in Eile, Ihre ..., Hier sind die gewünschten Unterlagen. Viele Grüße nach ..., Mit herzlichem Dank zurück. Es grüßt Sie aus ..., Mit eiligen, aber wie immer herzlichen Grüßen. Ihre ...* sind Beispiele für »persönliche Schlenker«. Ein solcher verwandelt den »Allerwelts-Vordruck« in eine individuelle Nachricht und nimmt dem rein zweckmäßigen Papier etwas von seiner Anonymität. Das hinterlässt immer einen positiven Eindruck. Diesen unterstützt ebenfalls ein Gruß. Lassen Sie beispielsweise *Mit freundlichen Grüßen* drucken, können Sie diese handschriftlich erweitern, indem Sie *nach ...* (Stadt des Empfängers) oder anderes dazusetzen.

»Kreuzchenbriefe« wirken mit einem handschriftlichen Zusatz sofort viel persönlicher.

Die klassische Kurzmitteilung sieht das nicht vor. Sie wurde ausschließlich unter diesen Gesichtspunkten gestaltet: So wenig, so kurz, so knapp wie möglich. Das ist jedoch nicht optimal. Verbindlichkeit ist als wichtiges »Kunden-Pflegemittel« wiederentdeckt worden. So bekommen die Kästchen-Schlagwörter: *Kenntnisnahme, Rückgabe, Stellungnahme, Erledigung, Rücksprache, Verbleib* (dies sind die gängigsten) neuerdings oft den Zusatz: *Mit der Bitte um ...* Er gibt der sachlichen Aufzählung einen freundlicheren Charakter. Bestimmt eine gute Idee.

Die klassische Kurzmitteilung ist so knapp wie möglich gehalten. Neuere Formen lassen Platz für persönliche Anmerkungen.

Welche Begriffe eignen sich für die Kästchen?

Keine Frage: Die einzelnen Kästchen-Schlagwörter sind Papierdeutsch (→ *Wenn der Amtsschimmel durch die Geschäftspost reitet*, S. 65–71). Das Austauschen gegen andere Hauptwörter ist nur teilweise einfach. Zwar bieten sich für »Rücksprache« gleich mehrere Alternativen an: *Gedankenaustausch, Diskus-*

Ist der *Verbleib* überhaupt sinnvoll?

sion oder *Meinungsaustausch* zum Beispiel. Auch kann *Stellungnahme* durch *Kommentar* und *Bearbeitung* durch *Realisation* ersetzt werden, doch bei *Kenntnisnahme* und *Verbleib* wird's schwierig. Es stellt sich die Frage, ob *Verbleib* überhaupt nötig ist. Er ist das Gegenteil von *Rückgabe*, dem »normalsten« Wort unter den typischen *Kreuzchenbrief*-Ausdrücken. Warum also nicht dieses für beides nutzen? Es ist doch eigentlich sonnenklar, dass etwas zum Verbleib bestimmt ist, wenn die Bitte um Rückgabe nicht angekreuzt ist!

Auch die *Kenntnisnahme* kann entfallen.

Außerdem ist es auch in Kurzmitteilungen nicht verboten, die *Sie-Ansprache* zu verwenden. Diese Alternative bietet mehrere Vorteile. Sie ist modern, verbindlich und öffnet dieses Hintertürchen: Die *Kenntnisnahme* kann in der Versenkung verschwinden! Wenn ich jemandem etwas zur Kenntnisnahme schicke, dann ist das eine Information für ihn. Die Formulierung: *Mit der Bitte um … Information* würde aber das Gegenteil ausdrücken. Also ist das Wort als »Solist« in dieser Verbindung nicht zu gebrauchen. In einer kurzen *Sie-Formulierung* kann es das Bürokratenwort ersetzen. Und noch einen Vorzug bietet diese Version: Falls Sie doch Bedenken haben, dass eine Kurzmitteilung ohne den *Verbleib-Vermerk* nicht auskommt, kann auch dieser in moderner Form integriert werden. Ich habe mich für folgenden »Kreuzchen-Text« entschieden:

❑ Für Sie zur Information
❑ Mit Dank an Sie zurück
❑ Für Ihre Akten/Ablage
❑ Mit der Bitte um …
❑ Kommentar
❑ Diskussion
❑ Realisation wie besprochen
❑ Anruf unter: (01 23) 4 56 78
❑ Rückgabe bis …
❑ Mit der herzlichen Bitte um Blitzantwort

Natürlich ist dies kein Patentrezept. Nur eine Anregung. Die Aufzählung muss vorrangig nach den am häufigsten gebrauchten Kreuzchen zusammengestellt werden. Darüber hinaus sollten Sie bei der Gestaltung einer Kurzmitteilung die wichtigsten Grundelemente einsetzen: (Firmen-)Name, Anschrift, Telefon-/Faxnummer, Datum. Die Übernahme eines Logos oder eines bereits bestehenden Geschäftsbriefkopfes bietet sich im Sinn der Corporate-design-Idee an.

Praktisch ist auch diese Lösung: Konzipieren Sie Ihre Kurzmitteilung so, dass sie gleichzeitig als Faxvorblatt geeignet ist. Ein kleiner Zusatz: *Es folgen … Seiten* macht's möglich.

Von Abschiedsgruß bis Zwischenbescheid

Musterbriefe als Ideengeber

Sehr geehrte Leserin, sehr geehrter Leser,

die folgenden Musterbriefe sind alle ohne Adressfeld, Absenderangabe, Datum und Unterschrift gedruckt. Diese Angaben hätten zum einen viel Platz gebraucht, den ich lieber mit mehr Beispieltexten füllen wollte. Ich glaube, dass diese Ihnen bessere Informationen und Anregungen geben können. Zum anderen hielt ich die ständige Wiederholung der DIN-gemäßen Aufteilung für recht langweilig. Sie finden alles Wissenswerte dazu im Kapitel: »Das passende Outfit für Ihren Brief – ›Krawattenzwang‹ laut DIN-Regeln oder ›legere Kleidung‹ erlaubt?«, S. 21 – 26.

Abschiedsgrüße

Drücken Sie Ihr Bedauern aus, aber vermeiden Sie Pathos.

Aus welchem Grund auch immer ein Abschied ansteht: Betrachten Sie ihn aus dem optimistischen Blickwinkel. Zu viel Pathos, Kritik an der Entscheidung zur Veränderung oder traurigen »Tränendrüsen-Charakter« sollten Sie sich verkneifen. Drücken Sie das eigene Bedauern über die Veränderung in angemessener positiver Form aus.

Aufbau:

Betreffzeile:	Nicht üblich, da Brief mit privatem Charakter
Einstieg:	Zeitdauer der Beziehung/des Zustands
Hauptteil:	Rückblick auf Positives/Gemeinsamkeiten/ eigenes Bedauern
Schluss:	Ausblick auf zukünftige, angenehme Aspekte

Empfohlenes Briefpapier:

Geschäftlich:	Repräsentationsbogen, persönliches (gedrucktes) Briefpapier
Privat:	Persönliches (gedrucktes) Briefpapier, (selbsterstellte) Glückwunschkarte mit Einlegeblatt

Abschiedsgruß, Geschäftspartner – Firmenwechsel

Lieber Herr Petersmann,

Sie übernehmen nach fünf erfolgreichen Jahren bei der Firma XYZ nun eine neue, noch verantwortungsvollere Aufgabe bei den ABC-Werken.

Gratulation!

Sie hatten großen Anteil daran, dass die Geschäftsbeziehung zwischen der XYZ GmbH und mir so harmonisch und für mich vorteilhaft verlaufen ist. Dafür danke ich Ihnen sehr!

Sicher halten Sie mich für sehr egoistisch, wenn ich Ihnen sage, dass ich über die Veränderung – soweit sie mich betrifft – nicht gerade glücklich bin. Sie kennen mich aber so gut, dass Sie dieses »Bekenntnis« richtig auffassen werden.

Ich wäre sehr froh gewesen, wenn wir unsere unkomplizierte und angenehme Zusammenarbeit noch viele Jahre hätten fortsetzen können. Mein – hoffentlich verständlicher – Egoismus geht aber nicht so weit, dass ich Ihnen nicht von Herzen zu dieser positiven beruflichen Veränderung gratuliere!

Es freut mich für Sie, dass mit diesem Schritt ein weiteres Ziel Ihrer beruflichen Laufbahn erreicht wird. Ich wünsche Ihnen weiterhin den großen Erfolg, der Sie bislang begleitet hat.

Mit den besten Wünschen für die Zukunft

Abschiedsgruß, Ruhestand

Lieber Herr Schuster,

niemand von uns kann es so recht glauben: Sie haben das Ruhestandsalter erreicht. Ihre dynamische Art und Ihre nie versiegende Energie haben uns die Realität vergessen lassen.

Dies erschwert uns auch die Vorstellung, demnächst ohne Sie auskommen zu müssen. Seit mehr als 20 Jahren haben Sie mit unermüdlicher Schaffenskraft in unserem Unternehmen gewirkt. Sie haben jungen Kolleginnen und Kollegen mit väterlichem Rat zur Seite gestanden. Es gibt wohl keinen Azubi, den Sie nicht auf den richtigen Weg gebracht haben. Sei es mit Güte und Geduld oder, wenn nötig, auch mit wohlwollender Strenge.

Darüber hinaus hatten Sie für jeden immer ein offenes Ohr, wenn es Probleme gab, wenn jemand Hilfe brauchte. Für all das und mehr danken wir Ihnen sehr herzlich. Wir werden Sie vermissen!

Doch das hindert uns nicht daran, Ihnen den wohlverdienten Ruhestand von Herzen zu gönnen. Die Bezeichnung »Rentner« finden wir für Sie allerdings mehr als gewöhnungsbedürftig. Sie selbst haben sich einmal als »aktiven Freizeitkünstler« bezeichnet. So können wir uns Sie gut vorstellen. Endlich können Sie all das in Ruhe genießen, was Sie so gern tun. Reisen, wandern, ungestört in Ihrem Hobbykeller werkeln, mit Muße einen dicken Wälzer lesen. Zu diesen Freizeitvergnügen möchten wir etwas beitragen. Deshalb haben wir einen Hobbykorb für Sie gepackt, mit dem wir Ihnen viel Freude wünschen.

Wir hoffen, dass Sie den Kontakt zu uns nicht abreißen lassen und auch in Zukunft noch Zeit für einen Besuch in Ihrer alten Firma finden werden. Sie wissen es sowieso, aber ich schreibe es trotzdem: Sie sind uns immer herzlich willkommen.

Mit den allerbesten Wünschen für die »aktive Freizeit«
im Namen des gesamten Teams

Abschiedsgruß, Aufgabe Vereinsamt

Sehr geehrte Frau Escher-Groß,

Sie haben sich aus persönlichen Gründen entschlossen, Ihr Amt als Kassenwartin des ABC-Vereins zur Verfügung zu stellen. Ich kann im Namen aller Vorstandsmitglieder sprechen, wenn ich sage: So groß auch unser Bedauern darüber ist, so sehr respektieren und verstehen wir Ihren Entschluss.

Sie haben dieses Ehrenamt mit bewundernswertem Engagement und großer Fachkenntnis nun insgesamt neun Jahre ausgefüllt. Wir alle konnten sicher sein: Die Vereinsfinanzen waren in besten Händen. Dafür unseren herzlichen Dank. Wer auch immer Ihr Amt übernehmen wird: Er oder sie muss sich an Ihrem Vorbild messen lassen.

Dass Sie durch die Pensionierung Ihres Mannes nun die viele Zeit, die Ihr Amt in unserem Verein gefordert hat, anders »anlegen« möchten, ist mehr als verständlich. Wir wünschen Ihnen, dass die dadurch anfallenden »Zinsen« Ihnen und Ihrem Mann viele angenehme Stunden bescheren werden. Dazu möchten wir mit unserem Abschiedsgeschenk für Sie auch etwas beitragen. Wir hoffen, dass Sie die kleine Sammlung edler Tropfen gemeinsam genießen werden.

Noch einmal ein herzliches Dankeschön
und viele gute Wünsche für die Zukunft

Abschiedsgruß, Nachbarn

Liebe Irmgard, lieber Heinz,

Ihr fangt schon an zu packen und wir sehen in Gedanken bereits den Möbelwagen vor Eurer Haustür. Dieses Bild verschwimmt ein wenig, denn wir betrachten es mit einem lachenden und einem weinenden Auge.

Ihr zieht ja nicht gerade um die Ecke, immerhin werden bald gut 300 Kilometer zwischen uns liegen. Doch eines versprechen wir schon jetzt: Ihr werdet uns nicht los! So oft wie möglich kommen wir zu Besuch und unser Gästezimmer steht immer für euch bereit!!!

Unsere Freundschaft, die erst nach anfänglichen »Nachbarschafts-Schwierigkeiten« entstehen konnte, ist uns außerordentlich wertvoll geworden. Wir werden den intensiven Kontakt mit euch sehr vermissen. Das ist das weinende Auge.

Das lachende freut sich mit euch über die einmalige berufliche Chance, die sich euch durch den Umzug bietet. Wer hat schon so viel Glück, dass gleich zwei »die Treppe rauffallen«? Wir drücken euch ganz fest die Daumen, dass sich alle eure freudigen Erwartungen erfüllen werden!

Und natürlich wünschen wir euch auch nette Nachbarn. Erinnert ihr euch noch, wie »spießig« wir anfangs miteinander umgegangen sind? Hoffentlich bleibt euch das dieses Mal erspart. Falls nicht, habt ihr ja immerhin nun die Erfahrung, dass aus solchen Anfängen trotzdem etwas Tolles werden kann.

Vergesst uns nicht! Wir denken an euch!
Mit ganz lieben Grüßen

Absagen

Für Einladungen gilt: Falls Sie verhindert sind, ist eine Absage immer nötig. Auch auf Anfragen, Bewerbungen oder Angebote sollten Sie antworten, wenn Sie absagen müssen. Keine Reaktion ist auch eine Antwort – eine, die negative Eindrücke hinterlässt.

Eine Ausnahme: Auf ein unverlangtes Angebot brauchen Sie nicht zu reagieren. Erreicht Sie ein solches im Rahmen einer langjährigen Geschäftsbeziehung, ist eine Antwort trotzdem höflich.

Nur auf unverlangte Angebote brauchen Sie nicht zu antworten.

Aufbau:

Betreffzeile:	Im geschäftlichen Bereich eingeschränkt üblich, bei persönlichen Briefen mit einer Einladungsabsage nicht Usus – egal, ob geschäftlich oder privat
Einstieg:	Erwähnung des Angebots/der Einladung/Dank
Hauptteil:	Begründung der Absage/Ablehnung
Schluss:	Gute Wünsche. Bei Einladung: für die Veranstaltung, bei Bewerbungen: für die Zukunft. Bei Angeboten: gegebenenfalls Bitte um erneute Offerten

Empfohlenes Briefpapier:

Geschäftlich:	Normaler Geschäftsbogen, für persönliche Einladungsabsagen Repräsentationsbogen, persönliches (gedrucktes) Briefpapier
Privat:	Persönliches (gedrucktes) Briefpapier, Doppelkarte

Absage, angefordertes Angebot

Ihr Angebot vom 2. Juni 20..

Sehr geehrte Frau Köster,

vielen Dank, dass Sie auf meine Anfrage vom … so schnell und detailliert reagiert haben. Ihr Angebot entspricht durchaus meinen Vorstellungen. Trotzdem habe ich mich in diesem Fall für einen anderen Anbieter entschieden. Ich werde mich bei Bedarf aber erneut bei Ihnen melden. Vielleicht lässt sich dann eine Zusammenarbeit realisieren.

Mit freundlichen Grüßen aus Detmold

Absage, angefordertes Angebot – mit Preisverhandlung

Neue PC-Ausstattung – Ihr Angebot

Sehr geehrter Herr Fehr,

Sie haben in Ihrem detaillierten und umfangreichen Angebot alles aufgenommen, was wir bei unserem Treffen besprochen hatten. Vielen Dank dafür und für die so geschaffene exakte Entscheidungsgrundlage.

Ich kann Ihr Angebot trotz dieser Vorzüge leider in der bestehenden Form nicht annehmen. Der Grund: Eine andere Firma hat eine wesentlich kostengünstigere und trotzdem alle Vorstellungen erfüllende Offerte vorgelegt. Dass die Preisfrage bei gleicher Qualität absoluten Vorrang hat, brauche ich Ihnen nicht zu erklären. Bitte prüfen Sie, ob Sie in Ihrer Kalkulation noch Spielraum haben. Auf ein verändertes Angebot freue ich mich.

Mit freundlichen Grüßen nach Musterstadt

Absage, angefordertes Angebot – mit Änderungswunsch

Ihr Angebot: Komplettservice

Sehr geehrte Frau Werning,

vielen Dank für Ihr detailliertes und anschauliches Angebot. Ihre Ideen gefallen mir sehr gut, sowohl bei der Ausstattung als auch bei Ihrem Speiseangebot.

Ich habe meine Vorstellung vom Aufwand für diese Veranstaltung allerdings noch einmal realistisch geprüft. Der zusätzliche Zeltaufbau muss leider entfallen. Stattdessen benötige ich für den vorhandenen Raum zusätzliche Tische und Stühle. Bitte kalkulieren Sie deshalb die Positionen 3a, 4b und 7 noch einmal neu. Mein Budget lässt leider Ihr äußerst ansprechendes Komplettangebot nicht zu.

Ich freue mich auf Ihr neues Angebot und hoffe, dass wir dann »zusammenkommen«.

Bis dahin grüßt Sie

Absage, unverlangtes Angebot – in langjähriger Geschäftsbeziehung

Ihr Angebot: Nachrüstung meiner Diskothek

Sehr geehrter Herr Tauber,

vielen Dank, dass Sie mich über die Neuheiten auf dem Gebiet der Unterhaltungselektronik auf dem Laufenden halten. Sicher ein wichtiger Zusatzservice.

Zur Zeit sehe ich allerdings keine Notwendigkeit, meine Anlage zu verändern. Ich plane für nächstes Jahr einen Umbau. Dann wird mich ein Angebot von Ihnen sicher interessieren. Bitte schicken Sie mir doch im Frühjahr Ihren aktuellen Katalog einschließlich Preisliste. Falls es akut ist, werde ich mich dann bei Ihnen melden.

Bis dahin viele Grüße

Absage, Bewerbung – nach Vorstellungsgespräch

Ihre Bewerbung – unser Gespräch am 3. Mai

Sehr geehrte Frau Leibniz,

zuerst noch einmal vielen Dank für das interessante und ausführliche Gespräch in der letzten Woche. Sie haben einen hervorragenden Eindruck hinterlassen. Aus diesem Grund fällt es mir besonders schwer, Ihnen heute eine Absage erteilen zu müssen.

Es ist immer schwierig, aus mehreren gleichermaßen qualifizierten Bewerberinnen die eine, richtige auszuwählen. Doch eine Stelle kann nun leider nur einmal besetzt werden und deshalb muss auch eine unbequeme Entscheidung getroffen werden. Dass diese nicht zu Ihren Gunsten ausgefallen ist, hat nichts mit Ihrer Persönlichkeit oder Ihrer beruflichen Qualifikation zu tun. Das betone ich ganz besonders. Der größere Erfahrungsschatz im wichtigsten Bereich des Aufgabenfeldes bei einer Ihrer Mitbewerberinnen hat den Ausschlag gegeben.

Ich bin davon überzeugt, dass Sie mit Ihren hervorragenden Zeugnissen und Ihrer persönlichen Ausstrahlung bald Ihre Wunschposition finden werden.

Für Ihre berufliche Zukunft die allerbesten Wünsche

Absage, Bewerbung – Stellenausschreibung

Ihre Bewerbung auf die Anzeige: Chiffre Nr. 23030

Sehr geehrter Herr Baumann,

Sie haben sich als Sachbearbeiter für die Abrechnungsabteilung beworben. Dafür und für Ihre vorbildlichen Bewerbungsunterlagen vielen Dank.

Es war für uns schwierig, aus der Vielzahl der qualifizierten Bewerbungen eine Auswahl zu treffen. Bitte haben Sie Verständnis dafür, dass wir diejenigen in eine engere Wahl gezogen haben, deren Qualifikation für das Anforderungsprofil der Stelle optimal erscheint.

Ihre Unterlagen schicken wir Ihnen mit Dank für Ihre Bemühungen zurück. Für Ihren weiteren Berufsweg wünschen wir Ihnen alles Gute.

Mit freundlichem Gruß

Absage, Bewerbung – Blindbewerbung (sachlich)

Ihre Bewerbung vom 9. März 20..

Sehr geehrter Herr Aschoff,

vielen Dank für Ihre Bewerbung als Kundendienst-Mitarbeiter. Es freut uns, dass Sie an einer Mitarbeit in unserem Unternehmen interessiert sind.

Zur Zeit können wir Ihnen jedoch in diesem Bereich keine Stelle anbieten. Deshalb hier Ihre Bewerbungsunterlagen mit Dank zurück.

Wir wünschen Ihnen, dass Sie in einem anderen Unternehmen bald eine Ihren Vorstellungen entsprechende Aufgabe finden.

Alles Gute und freundliche Grüße

Absage, Bewerbung – Blindbewerbung (humorvoll)

Nicht verzagen – weiterfragen!

Sehr geehrte Frau Neumann,

Sie wussten es bestimmt schon, ehe Sie den Brief geöffnet hatten: Hier kommt eine Absage. Der dicke Umschlag mit unserem Absender konnte kaum etwas anderes enthalten.

Aber seien Sie nicht zu enttäuscht! Wir versichern Ihnen: Ihre Unterlagen sind top! Unser Betriebsklima ist das auch und deshalb sind wir seit Jahren ein »eingeschworenes Team«, in dem es zur Zeit keine Lücke zu füllen gibt. Da wir davon überzeugt sind, dass dies auch noch lange so bleibt, macht es keinen Sinn, wenn wir Ihre Bewerbung »auf Halde« legen. Aber wir freuen uns, dass Sie Lust hatten, bei uns mitzuarbeiten. Viel Glück! Irgendwo gibt es die passende Lücke für Sie.

Es grüßt Sie

Absage, Einladung – geschäftlich (wenig persönliche Beziehung)

Sehr geehrter Herr Ostermann,

vielen Dank für Ihre freundliche Einladung zum Festakt anlässlich Ihres 100-jährigen Firmenjubiläums. Ich bedauere es sehr, dass ich an diesem Tag beruflich verhindert bin. Gerne hätte ich Ihnen meine Glückwünsche persönlich überbracht. Da das leider nicht möglich ist, habe ich Herrn Meister gebeten, dies als mein Vertreter zu übernehmen. Sie kennen ihn von unserem letzten gemeinsamen Projekt, er war dabei für die Pressearbeit zuständig.

Ich wünsche Ihrer Jubiläumsfeier einen angenehmen und erfolgreichen Verlauf.

Mit freundlichen Grüßen

Absage, Einladung – geschäftlich (mit persönlicher Beziehung)

Lieber Herr Ostermann,

für Ihre freundliche Einladung zum Festakt anläßlich Ihres 100-jährigen Firmenjubiläums sage ich ganz herzlich Danke.

Wie gerne würde ich kommen und Ihnen meine Glückwünsche persönlich aussprechen! Doch leider bin ich an dem Tag verhindert. Ich bedauere das wirklich sehr. Schon seit über einem Jahr steht ein vertraglich festgelegter Seminartermin in meinem Kalender. Dass ich mich als Dozentin da nicht aus der Pflicht schleichen kann, werden Sie sicher verstehen.

Deshalb ergreife ich jetzt schon die Gelegenheit, Ihnen zu diesem außergewöhnlichen Jubiläum ganz herzlich zu gratulieren. Ich wünsche Ihnen, dass Ihr unternehmerisches Glück Sie weiterhin begleitet. Dass Sie den Erfolg Ihres Hauses auch in Zukunft noch weiter vergrößern und festigen können. Und natürlich auch, dass Sie Ihr hoch motiviertes Mitarbeiterteam in bewährter Weise bei der positiven Entwicklung Ihres Unternehmens tatkräftig unterstützt.

Ich werde an Ihrem »Jubeltag« an Sie denken. Ihrer Feier wünsche ich einen harmonischen und wunderschönen Verlauf.

Mit herzlichen Grüßen nach Feierstadt

Absage, geschäftlicher Termin – persönliche Beziehung

Lieber Herr Siekhaupt,

wie lange haben wir eine gemeinsame Lücke im Kalender gesucht, damit wir uns endlich einmal wieder ausführlich über neue Projekte unterhalten können? Ich weiß es nicht mehr genau, aber es sind mindestens sechs bis sieben Monate.

Was ich genau weiß: Ich habe mich sehr gefreut, dass es endlich geklappt hat. Und nun muss ich kurzfristig absagen. Ich finde es nicht nur äußerst schade, sondern auch peinlich. Schließlich weiß ich, dass Ihre Zeit mindestens so kostbar ist wie meine. Bitte glauben Sie mir, dass ich diese Absage wirklich sehr bedauere.

Es ist ein äußerst schwerwiegendes Ereignis, das mich zu diesem Schritt zwingt. Mein Vater liegt seit gestern mit einem Herzinfarkt auf der Intensivstation. Meine Sorge um ihn ist groß. Ich habe das bedrohliche Gefühl, in der Nähe bleiben zu müssen, und deshalb verschiebe ich alle Geschäftstermine der nächsten Tage. Sicher haben Sie Verständnis für diesen Entschluss. Sobald ich meine persönliche Situation überblicken kann, werde ich mich bei Ihnen melden.

Mit bedauernden Grüßen

Absage, Einladung privat – Silberhochzeit

Liebste Gisela, lieber Bernd,

vielen Dank für eure herzliche Einladung zur »silbernen Jubelfeier«. Ihr habt euch ja wirklich etwas ganz Tolles einfallen lassen!

Nicht nur deshalb tut es mir wahnsinnig Leid, dass wir nicht kommen können. Wie gerne hätten wir euch persönlich gratuliert und mit euch dieses – in der heutigen Zeit ja längst nicht mehr selbstverständliche – Fest gefeiert. Aber wir hatten schon unseren Urlaub fest gebucht, bevor eure liebenswürdige Einladung kam. Wir können daran unglücklicherweise nichts mehr ändern. Bitte habt Verständnis.

Doch eines wissen wir genau: Ihr werdet »euren Tag« auch ohne uns genießen können. Das wünschen wir euch jedenfalls von ganzem Herzen. Dazu für die nächsten 25 Jahre alles Liebe und Gute. Den Termin der goldenen Hochzeit schreiben wir uns schon jetzt ganz dick hinter die Ohren – damit wir dann den Urlaub besser planen!

Viele Grüße an alle, die uns kennen. Euch beiden lieben »Silbernen« eine tolle Feier!

Herzlichst

Angebote

Ein Angebot, das nur Artikelbezeichnungen und Preise enthält, ist kein guter Werbeträger für Ihre Firma.

Grundsätzlich sollten Sie ein Angebot als Werbeträger für Ihre Firma betrachten. Es reicht nicht, einige Artikelbezeichnungen und Preise untereinander zu schreiben. Etwas Verbindlichkeit drumherum ist in harten Wettbewerbszeiten unerlässlich.

Ein unangefordertes Angebot tendiert in der Regel noch mehr in die Richtung »Werbebrief« als ein angefordertes. Beachten Sie aber bei beiden Arten unbedingt die rechtlichen Aspekte.

Aufbau:

Betreffzeile:	Ja/zusätzlich Angebotsnummer und Kundennummer bei angeforderten Angeboten
Einstieg:	Bei angeforderten Angeboten: Dank für das Interesse/bei unangeforderten: Neugier erweckende Frage oder Vorzug des Produktes
Hauptteil:	Produktdetails/Preise mit gesonderter Mehrwertsteuer für Geschäftsleute, einschließlich für Privatpersonen/gegebenenfalls Fristen, Freizeichnungsklauseln, Liefer- und Zahlungsbedingungen
Schluss:	Anbieten weiterer Informationen/ Herausstellen der Qualität/Freude auf die Zusammenarbeit

Empfohlenes Briefpapier:

Geschäftsbogen

Verlangtes Angebot, Dienstleistung

Ihre Anfrage: Hausprospekt

Sehr geehrter Herr Stein,

Sie wollen einen neuen Hausprospekt erstellen lassen, der Ihre bisherige Schwarz-Weiß-Broschüre ersetzt. Vielen Dank, dass Sie uns nach den Realisierungsmöglichkeiten fragen! Hier ist unser Angebot:

Objekt: 16-seitige Broschüre
Format: DIN A 5
Farbe: vierfarbig

Konzeption	610,20 €
Text	763,00 €
Layout/Grafik	406,50 €
10 Scans à 25 € einschließlich Bildbearbeitung	250,00 €
Produktionsbegleitung	356,70 €
Netto-Gesamtbetrag	2.386,40 €

Der Posten Produktionsbegleitung beinhaltet die Betreuung der Druck- und Lettershoparbeiten. Der Preis für Konzeption und Text schließt die vier Titelseiten ein. Alle Preise verstehen sich zuzüglich Mehrwertsteuer.
Haben Sie noch Fragen? Dann rufen Sie uns doch bitte einfach an. Oder Änderungswünsche? Gern schicken wir Ihnen dann ein neues Angebot. Das Team der »Werbewelt XY« freut sich auf eine Zusammenarbeit mit Ihnen!

Mit sommerlichen Grüßen aus Frankfurt

Verlangtes Angebot, Ware

Ihr Besuch bei uns

Sehr geehrte Frau König,

herzlichen Glückwunsch zu Ihrem Entschluss, alle Büros mit neuen, ergonomisch entwickelten Bürostühlen auszustatten. Ab sofort wird das Thema Rückenschmerzen für Ihre Mitarbeiterinnen und Mitarbeiter unbekannt sein.

Vielen Dank für Ihr Interesse an unserem Spitzenprodukt. Wir haben es zusammen mit Orthopäden und Wissenschaftlern entwickeln lassen. Wir freuen uns, Ihnen diese neue Stuhlgeneration zu einem attraktiven Preis anbieten zu können:

Bürostuhl »Gesund« ohne Armlehnen:	246,- €
Bürostuhl »Gesund« mit Armlehnen:	280,- €

Diese Stückpreise zuzüglich der gesetzlichen Mehrwertsteuer gelten bis zu einer Abnahme von 10 Stück. Wenn Sie mehr Stühle brauchen, können wir Ihnen ein noch günstigeres Angebot mit einem Mengenrabatt unterbreiten. Die Lieferzeit beträgt eine Woche. Die Lieferung erfolgt auf unsere Kosten!

Auch die Zahlungsbedingungen werden Ihnen zusagen: Zahlung innerhalb von 8 Tagen mit 3 % Skonto. Zahlungsziel rein netto bis zu 48 Tagen. Für Ihre Entscheidung haben Sie Zeit. Wir halten dieses Angebot 6 Wochen lang bis zum 30. März aufrecht.

Wir freuen uns auf Ihren Auftrag.

Mit freundlichen Grüßen nach Düsseldorf

Unverlangtes Angebot, Dienstleistung und Ware

Klötzers Partyservice – Heinzelmännchen für jedes Fest

Sehr geehrte Frau Wulf,

möchten Sie nicht gerne einmal Gast bei Ihrer eigenen Feier sein? Sich um gar nichts kümmern müssen? Den Tag genießen, sich in Ruhe fertig machen und dann den Gästen die Tür öffnen? Glauben Sie nicht, dies müsste ein Wunschtraum bleiben!

Wir, die Party-Service-Profis, kommen auf Wunsch als Heinzelmännchen zu Ihnen. Und wir versprechen Ihnen: Wir denken wirklich an alles! Sie brauchen nur zu wählen, welches unserer vielen Angebote Ihnen am besten gefällt.

Dieser Brief reicht nicht aus, sie Ihnen alle ausführlich zu schildern. Deshalb schicken wir Ihnen unseren Prospekt mit. Dort finden Sie von Kanapees über Gabelbissen, rustikale Speisen, Buffets bis hin zum Galamenü alles, was das Herz – oder besser gesagt: der Magen – begehrt. Einschließlich der Preise.

Selbstverständlich sorgen wir auf Wunsch auch für die kulinarische Begleitung der Speisen durch erlesene Getränke. Und für geschultes, erfahrenes Personal. Und für Besteck, Geschirr und Gläser. Und für die Raumgestaltung. Und, und, und … Sie sehen: Kompletter geht's nicht!

Bitte schauen Sie sich in Ruhe unser umfangreiches Programm an und wählen Sie Ihr maßgeschneidertes Angebot.

Wir freuen uns auf Ihre Party! Sie und Ihre Gäste werden noch lange über dieses gelungene Fest reden.

Mit kulinarischen Grüßen

PS: Selbstverständlich werden alle Speisen am Tag Ihrer Veranstaltung frisch für Sie zubereitet!

Angebotsanforderung/ Angebotsannahme/Auftragsbestätigung

Unterliegen Sie nicht der Versuchung, in Papierdeutsch zu verfallen: Ihr persönlicher Stil ist gefragt!

Diese reinen Geschäftsschreiben sind die typischen Amtsschimmelfallen: *bezugnehmend auf*, *in Beantwortung Ihres* und ähnliche Standardformulierungen sind die prädestinierten Anfänge.
Entwickeln Sie besser auch bei solchen Briefen einen modernen Stil.

Aufbau:

Betreffzeile:	Üblich
Einstieg:	Eingehen auf Sachverhalt/ Dank
Hauptteil:	Details zu Angebot/Auftrag
Schluss:	Dank (im Voraus)/Freude auf Zusammenarbeit

Empfohlenes Briefpapier:

Geschäftlich:	Geschäftsbogen
Privat:	Persönliches (gedrucktes) Briefpapier

Angebotsanforderung, geschäftlich – Aufnahme von Geschäftsbeziehung

Können wir ins Geschäft kommen?

Sehr geehrte Damen und Herren,

die »Ambiente« in der letzten Woche muss ja ein toller Erfolg für Sie gewesen sein. Glückwunsch! Ihr Stand war pausenlos derart belagert, dass ich mich darauf beschränkt habe, Ihre Prospekte mitzunehmen. Meine Zeit war zu knapp, um auf die Chance zu einem ausführlichen Gespräch zu warten.

Deshalb nun schriftlich meine Bitte, mir ein Angebot zu schicken. Bitte informieren Sie mich über Mindestabnahme, Lieferzeiten und -bedingungen, Preise (eine Preisliste habe ich in Ihren Katalogen nicht gefunden) und das Wichtigste: Gibt es für Ihre Artikel einen Gebietsschutz, der eine Zusammenarbeit eventuell verhindert? Mein Geschäft liegt nicht in der Innenstadt von Schloßhausen, sondern in einem Vorort. So viel schon mal zu Ihrer Information.

Ihre Artikel gefallen mir außerordentlich gut. Sie würden mein Sortiment bereichern und selbstverständlich werde ich sie geschmackvoll präsentieren.

Ich freue mich auf Ihre Antwort!

Viele Grüße nach Kunstdorf

Angebotsanforderung, Privatperson an Firma

Zum Thema »Schrank«: Ausgefallene Wünsche ...

Sehr geehrte Damen und Herren,

Sie freuen sich bestimmt, wenn ich Ihnen dieses schreibe: Ihre Zeitungsbeilage »Zum Thema ›Schrank‹: Ausgefallene Wünsche ...« gefällt mir gut. Mir fehlt aber die Zeit, mich einfach so in Ihren Ausstellungsräumen umzusehen.

Bitte schicken Sie mir deshalb vorab einige Informationen über Preise, damit ich sehe, ob mein Gefallen an den Gleittürschränken auch mit meinem Budget in Einklang zu bringen ist. Besonders interessiert bin ich an Stoffbespannung und Verspiegelung einer Schranktür sowie am Ausbau von Schrägen. Zwei, drei Preisbeispiele reichen für einen ersten Überblick.

Vielen Dank für Ihre Antwort schon im Voraus.

Mit erwartungsvollen Grüßen

Angebotsannahme, geschäftlich (sachlich)

Ihr Angebot: Saalbestuhlung

Sehr geehrter Herr Meineke,

Sie haben uns ein detailliertes und anschauliches Angebot geschickt. Vielen Dank für die gründliche Arbeit.
Dieses Angebot nehmen wir hiermit in allen Punkten an und bestellen die 200 Stühle, Typ 1337/01 zum 30. Juni 20.. frei Haus zum Stückpreis von 45,50 €.

Bitte schicken Sie uns eine Auftragsbestätigung. Wir freuen uns schon heute auf Ihre Lieferung.

Es grüßt Sie freundlich

Angebotsannahme, geschäftlich (humorvoll)

Es werde Licht!
Ihr Angebot: Neue Beleuchtung

Sehr geehrter Herr Lichter,

Sie haben wirklich prompt und detailliert reagiert. Vielen Dank dafür! In Ihrem Angebot haben Sie nicht nur alle meine Wünsche berücksichtigt, sondern auch unseren einzigen »Hackpunkt«, die Preisfrage, zu meiner Zufriedenheit gelöst.
Ich nehme Ihr Angebot in vollem Umfang an.
Also dann: Es werde Licht in meinen Geschäftsräumen.

Mit »hellen« Grüßen

Auftragsbestätigung, geschäftlich (Antwort auf humorvolle Angebotsannahme)

Ihr Auftrag: Es werde Licht!

Sehr geehrter Herr Dunkel,

Ihr Auftrag freut uns sehr – und ebenso Ihr heiterer Brief vom 2. Mai 20.. . Ein wirklicher Lichtstrahl im grauen Alltag. Vielen Dank für beides!

Hier sind auch bereits die Detailpläne, damit Sie noch einmal in Ruhe alles prüfen können. Sollten Ihnen dabei noch weitere »erhellende« Ideen kommen: Wir sind jederzeit gesprächsbereit.

Noch einmal Danke, dass Sie uns grünes Licht gegeben haben! Wir werden die Ausführung Ihres Auftrags für Sie zum Highlight werden lassen.

Mit »strahlenden« Grüßen zurück

Auftragsbestätigung, geschäftlich (Antwort auf sachliche Angebotsannahme)

Ihr Auftrag: Saalbestuhlung

Sehr geehrter Herr Issringhaus,

Sie wünschten eine Auftragsbestätigung. Hier ist sie, verbunden mit unserem Dank für Ihr Vertrauen in unsere Arbeit. Wir werden sorgfältig arbeiten und pünktlich liefern. Ihre Zufriedenheit steht für uns an erster Stelle.

Mit nochmaligem Dank für Ihren Auftrag

Begleitbriefe

Solche Schreiben sind die »Brüder« von Werbebriefen. Als Begleiter von Prospekten, bei Auslieferung eines Produkts oder der Zustellung von Sammelwerken beispielsweise haben sie nur einen Zweck: Kundenpflege.

Oft sind sie die typischen *Lieber-Kunde*-Briefe, also mit gedruckter Anrede. Dies lässt sich nicht immer vermeiden. Achten Sie dann aber bitte darauf, die *Kundin* nicht zu vergessen! Das gilt in der heutigen Zeit als Fauxpas. Ganz besonders dann, wenn sich das Produkt vorrangig an Frauen wendet.
Wenn eben möglich, sollten Sie personalisierte Serienbriefe mit namentlicher Anrede als Begleitbriefe verschicken.

Denken Sie auch an die Kundin?

Aufbau:

Betreffzeile:	Wird häufig als Satzanfang in Verbindung mit der Anrede genutzt
Einstieg:	Dank für Kauf/Eingehen auf Aktuelles (bei Sammelwerken)
Hauptteil:	Vorzug der Ware/des Produkts herausstellen
Schluss:	Allgemeine Wünsche (zum Beispiel auf die Jahreszeit bezogen)/Hinweis auf Kundenservice/Wünsche für Freude an dem Produkt

Empfohlenes Briefpapier:

Geschäftsbogen, speziell gestalteter Werbebogen (beispielsweise mit Bild der Leiterin/des Leiters Kundendienst)

Begleitbrief, Auslieferung Ware

Herzlichen Glückwunsch,

sehr geehrte Frau Neuling,

zu Ihrem Entschluss, den »Staubteufel 3007« zu kaufen. Warum wir Ihnen dazu gratulieren? Ganz einfach: Ab sofort können Sie jeden Tag etwas feiern. Die Zeit dazu bekommen Sie, weil Sie mit Ihrem »Staubteufel« viel schneller als bisher mit dem Staubsaugen fertig sind. Und die gute Laune, weil Ihnen die Arbeit so mühelos von der Hand geht.

Sie haben sich mit dem »Staubteufel 3007« ein erstklassiges Produkt angeschafft. Unsere Garantie halten wir ein volles Jahr lang aufrecht! Bitte verwahren Sie Ihren Garantieschein sorgfältig, auch wenn wir uns kaum vorstellen können, dass Sie ihn brauchen werden. Es gibt so gut wie keine Reklamation in diesem Zeitraum. Sollten Sie trotzdem einmal irgendeinen Rat oder Hilfe brauchen, hier unsere Kundendienstnummer: (01 23) 4 56 78. Bitte rufen Sie uns auch einfach an, falls Sie Fragen haben. Wir beantworten sie gern!

Viel Freude an Ihrem neuen Staubsauger wünscht Ihnen

Begleitbrief, Erstlieferung Sammelwerk

Herzlich willkommen,

sehr geehrter Herr Sammler,

im Kreis der begeisterten Abonnenten von »Handwerk im Wochentakt«. Dieses einmalige Sammelwerk wird für Sie zu einem unentbehrlichen Begleiter werden. Eine Schranktür klemmt? Ein Wasserhahn tropft? Sie wollen einen Wintergarten bauen? Alles kein Problem. Ab sofort brauchen Sie dafür keinen Handwerker mehr zu bezahlen. Diese teuren Zeiten sind vorbei!

Ein Griff zu Ihrem praktischen Sammelordner genügt. Sie finden auf Anhieb die detaillierte Anleitung, wie Sie solche Dinge perfekt selbst erledigen können. Ganz gleich, ob es sich um eine Kleinigkeit oder ein umfangreiches Projekt handelt: Mit den leicht verständlichen Erklärungen und dem anschaulichen Bildmaterial gelingt Ihnen jedes Vorhaben.

Und hier noch unsere ganz besondere Zusatzleistung für Sie als Abonnent von »Handwerk im Wochentakt«: Falls Sie einmal einen ganz speziellen, persönlichen Tipp brauchen, rufen Sie einfach unsere Ratgeber-Hotline an: (01 23) 4 56 78. Wir sind immer für Sie da.

Viel Spaß – Woche für Woche – mit Ihrem neuen Sammelwerk!

Es grüßt Sie freundlich

Behördenschreiben

Wie sag' ich's meinem Kinde? – sprich dem Amt? Oft beginnt das große »Griffelkauen«, wenn ein Schreiben an eine Behörde verfasst werden muss. Doch das ist überflüssig. Denken Sie einfach daran, dass auch solche Briefe von einem Menschen! gelesen werden. Noch ist es nicht so weit, dass dies Computer übernehmen.

Auch in Behörden sitzen Menschen.

Wenn möglich, finden Sie eine/n direkte/n Ansprechpartner/in heraus, dann können Sie eine persönliche Anrede wählen. Und bemühen Sie sich nicht gegen Ihren sonstigen Schreibstil um »extra gepflegtes Amtsdeutsch«. Schreiben Sie lieber »ganz normal« sachlich.

Aufbau:

Betreffzeile:	Bezeichnet in diesem Fall direkt das Anliegen
Einstieg:	Erklärung der Situation/des Zwecks des Schreibens
Hauptteil:	Begründung des Anliegens
Schluss:	Erwartungen/Ziele/Dank

Empfohlenes Briefpapier:

Geschäftlich:	Geschäftsbogen
Privat:	Persönliches (gedrucktes) Briefpapier

Behördenschreiben, Bauamt – Bauantrag

Einseitiger Anbau für Einfamilienhaus

Sehr geehrte Damen und Herren,

für mein Einfamilienhaus, Herforder Str. 157, plane ich einen einseitigen Anbau. Dieser soll so weit wie möglich an die Grundstücksgrenze heranreichen.

Wenn ich richtig informiert bin, ist dafür die Genehmigung der Nachbarn Voraussetzung. Diese liegt zum Glück schon vor. Eine Kopie schicke ich Ihnen mit, ebenfalls Kopien vom Grundstücksplan mit verschiedenen Möglichkeiten, wie ich mir den Anbau vorstelle. Bitte sehen Sie es mir nach, dass ich diese laienhaften Grundrisszeichnungen selbst eingesetzt habe. Ich möchte mir Architektenkosten so lange ersparen, bis ich von Ihnen eine Antwort habe. Ist es überhaupt möglich, eine der von mir gewünschten Veränderungen zu genehmigen? Wenn ja, welche und unter welchen Bedingungen?

Ich hoffe auf eine positive und möglichst schnelle Nachricht von Ihnen. Für Ihre Bemühungen danke ich Ihnen schon heute.

Mit freundlichem Gruß

Behördenschreiben, Finanzamt – Verschiebung Abgabetermin

Einkommensteuer: Abgabetermin
Steuer-Nr.: 07/23456/70

Sehr geehrte Damen und Herren,

die Einkommensteuererklärung ist (über-)fällig. Ich weiß. Doch es ist keine Nachlässigkeit von mir, dass ich die Frist nicht einhalten kann. Seit drei Wochen liege ich wegen einer Herzoperation im Krankenhaus und muss dort auch noch einige Wochen bleiben. Bitte verlängern Sie die Frist um die Dauer meines Krankenhausaufenthaltes plus einiger Tage Bearbeitungsspielraum für mich. Meine vorsichtige Prognose, wann ich wieder arbeitsfähig bin, ist ungefähr der 19. März 20.. Können Sie mir bitte bis dahin Zeit geben? Ein Attest schicke ich mit. Für eine kurze, hoffentlich positive Nachricht bin ich dankbar.

Mit freundlichem Gruß

Behördenschreiben, Straßenverkehrsamt – Parksondergenehmigung

Sondergenehmigung zum Parken

Sehr geehrte Damen und Herren,

für den 10. Mai 20.. bitte ich um eine Sondererlaubnis zum Parken zwischen 8.00 und 12.00 Uhr vor dem Haus Kavalleriestraße 14. Der Grund: Meine Familie und ich ziehen um. Da in der ganzen Straße Halteverbot ist, kann der Möbelwagen sonst nicht beladen werden. Muss ich dafür ein spezielles Formular ausfüllen oder reicht dieses formlose Schreiben aus?
Für eine kurze Nachricht und die Sondergenehmigung sage ich jetzt schon vielen Dank.

Mit etwas wehmütigen Grüßen, weil ich diese schöne Stadt verlasse

Behördenschreiben, Ordnungsamt – Einspruch gegen Verwarngeld

Einspruch gegen Verwarngeld

Sehr geehrte Damen und Herren,

am 30. Dezember 20.. parkte ich mein Auto in der Münzstraße. Als ich vom Einkaufen zurückkam, fand ich einen Strafzettel wegen Übertretung der Parkzeit.

Ich bitte Sie, diese Verwarnung zurückzunehmen. Ich habe für dieses Gebiet einen Anliegerausweis, der wie immer hinter der Windschutzscheibe lag. Wahrscheinlich war er nicht gut sichtbar. Es hatte geschneit und die Scheiben waren nicht ganz frei. Eine Kopie des Ausweises schicke ich mit.

Ich sage schon jetzt Danke für Ihre Hilfe.

Es grüßt Sie freundlich

Behördenschreiben, Ordnungsamt – Demonstration

Anmeldung einer Demonstration

Sehr geehrte Damen und Herren,

wir, die Bürgerinitiative »Flugplatz: Nein«, sind gegen die Erweiterung des Segelflugplatzes in Windelsbleiche zu einem Regionalflughafen. Aus diesem Grund planen wir für Freitag, den 17. Dezember 20.., eine Großdemonstration.

Treffpunkte sollen um 17.00 Uhr der Kirchplatz in Brackwede, die Buschkampkreuzung und der Ortsausgang Friedrichsdorf sein. Wir rechnen mit etwa 1.000 Teilnehmerinnen und Teilnehmern. Auf dem sternförmigen Weg zum Segelflugplatz wollen wir Transparente und mindestens einen Lautsprecherwagen mitnehmen.

Diese Demonstration wird einen völlig friedlichen Charakter haben. Es ist lediglich unser Anliegen, der breiten Öffentlichkeit die Problematik des geplanten Flugplatzausbaus noch bewusster zu machen. Selbstverständlich werden wir dafür sorgen, dass weder an den Treffpunkten noch am Ziel Abfall oder Unrat zurückbleibt.

Wir bitten Sie, diese Demonstration möglichst bald zu genehmigen. Sollte es dazu noch Auflagen geben, teilen Sie uns diese bitte mit. Für Ihre Unterstützung bedanken wir uns schon im Voraus.

Mit freundlichen Grüßen

Bonusbriefe

Noch bis vor kurzem galt Handeln in Deutschland nur unter bestimmten Bedingungen als möglich. Inzwischen ist es nicht nur bei großen Projekten und Riesensummen üblich, sondern auch bei kleineren Beträgen und Privatkunden. Die Änderung des Rabattgesetzes hat diese Entwicklung begünstigt.

Vermeiden Sie in einem Schreiben mit der Bitte um Preisnachlass aber die *Friss-oder-stirb-Methode*. Das ruft nur Ärger hervor und beschleunigt ein *Nein*. Eine Verpflichtung, einem Kunden Rabatt einzuräumen, besteht nicht! Wählen Sie deshalb besser einen verbindlichen Ton und lassen Sie Verhandlungsspielraum.

Mit etwas Verhandlungsgeschick gelangen Sie zum Preisnachlass.

Es gibt auch den Typ »Gegenläufer-Bonusbrief«, was meint: Das freiwillige Rabattangebot seitens einer Firma. Häufig werden diese als einmalige Aktion geplant, seltener als Dauerzustand.

Aufbau:

Betreffzeile:	Üblich
Einstieg:	Eingehen auf die Situation
Hauptteil:	Begründung/langjährige Geschäftsbeziehung
Schluss:	Vorschlag Höhe des Bonus/Verhandlungsangebot/Vorausschau

Empfohlenes Briefpapier:

Geschäftlich:	Geschäftsbogen
Privat:	Persönliches (gedrucktes) Briefpapier

Bonusbrief, geschäftlich – dauerhafte Vereinbarung

Verhandlung: Jahresbonus

Sehr geehrter Herr Kindler,

Sie haben es doch sicher auch schon bemerkt: Noch nie hat einer Ihrer Lieferwagen so oft vor meinem Geschäft gestanden wie in den letzten Monaten. Die äußerst erfreuliche Geschäftsentwicklung im letzten Jahr brachte Umsatzzuwächse von mehreren Prozent. Das freut mich natürlich – und Sie sicher auch.

Mein Auftragsvolumen bei Ihnen hat sich seit dem Beginn unserer Geschäftsbeziehung bereits fast verdoppelt! Darüber hinaus plane ich, noch weitere Ihrer Artikel in mein Sortiment aufzunehmen. Deshalb werden Sie es sicher verstehen, wenn ich Sie heute bitte, die bislang bestehenden Konditionen zu ändern.

Ich schlage vor, dass Sie mir einen 5-prozentigen Stammkunden-Bonus einräumen, den ich jeweils zum Jahresende vergütet bekomme. Bitte informieren Sie mich, ob Sie mit diesem Vorschlag einverstanden sind.

Ich hoffe auf weiterhin gute Geschäftsverbindung!

Mit freundlichem Gruß nach Lieferhausen

Bonusbrief, geschäftlich – einmalige Aktion

Bitte helfen auch Sie!
Wie? Durch einen Sonderbonus

Sehr geehrte Frau Tönsmeise,

Sie wissen es durch unsere lange Geschäftsbeziehung: Wir setzen uns regelmäßig für Menschen ein, die auf der Schattenseite des Lebens dringend Hilfe und Zuwendung brauchen.

In diesem Jahr planen wir einen Winterball, dessen Gesamterlös für die Aktion »Kinder brauchen Liebe – und mehr« bestimmt ist. Sie liefern uns seit Jahrzehnten für unsere Veranstaltungen Ihre ausgezeichneten Weine, den Sekt und Spirituosen. Den Umfang einer Bestellung zu einem Ball kennen Sie. Unsere Bitte heute: Können Sie uns für die Lieferung zu diesem Benefizball einen Sonderbonus einräumen? Damit der Betrag für »Kinder brauchen Liebe – und mehr« noch größer wird? Auch der Erlös aus dem Getränkeverkauf an diesem Abend soll nämlich der Aktion zugute kommen.

Bitte bestimmen Sie die Höhe des möglichen Bonus. Die Kinder und wir freuen uns über jedes Prozent mehr.

Mit hoffnungsvollen Grüßen

Bonusbrief, geschäftlich – an Kundinnen und Kunden

Ihre Treue wird belohnt!

Sehr geehrte Kundin, sehr geehrter Kunde,

neues Jahr – neues Glück! Davon wünsche ich Ihnen erst einmal ganz viel für das gerade begonnene 20.. Dazu Gesundheit, Erfolg, alles, was Sie sich wünschen und – dass Sie den kleinen Treuepass nicht verlieren, den ich Ihnen mitschicke.

Was Sie damit sollen? Ganz einfach: Bringen Sie ihn bitte jedes Mal mit. Nach neun Behandlungen bei uns belohnen wir Sie mit einem Treuebonus. Vom Gesamtwert der letzten neun Behandlungen erhalten Sie einen Bonus von 5 %. Diesen rechnen wir Ihnen bei Ihrem 10. Besuch an.

Also: Am besten den Treuepass gleich ins Portmonee oder in die Brieftasche stecken – deshalb ist er so klein. Der Gewinn, den er Ihnen bringt, ist das nicht!

Ich freue mich auf Ihren nächsten Besuch.

Mit herzlichen »Treue-Grüßen«

Dankschreiben

Neben dem Slogan *Schreib mal wieder* sollte es auch diesen geben: *Dank mal wieder*.
Viel zu selten nehmen sich die meisten die Zeit, ein Dankschreiben zu verfassen, dabei ist ein *Dankeschön* nicht nur eine höfliche Geste. Solche Briefe sind Sympathieträger mit großem Wert. Sie helfen, (Geschäfts-)Beziehungen zu pflegen, Kontakte aufzubauen und zu vertiefen, Freundschaften zu festigen.
Nach *Geschenkanlässen* sollte ein schriftlicher Dank selbstverständlich sein.

Wann haben Sie das letzte Mal »Danke« geschrieben?

Aufbau:

Betreffzeile:	Nicht üblich, da persönlicher Brief
Einstieg:	Freude über Geschenke/gute Wünsche
Hauptteil:	Dank/Eingehen auf persönliches Geschenk/ Gruppengeschenk
Schluss:	Zukunftsaussichten/nochmaliger Dank

Empfohlenes Briefpapier:

Geschäftlich:	Repräsentationsbogen, persönliches (gedrucktes) Briefpapier
Privat:	Persönliches (gedrucktes) Briefpapier, (selbsterstellte) Doppelkarte mit Einlegeblatt

Dankschreiben, Geburtstag – an Gäste

Liebe Geburtstagsgäste,

mein Geburtstag war ein wunderschöner Tag! Ich werde ihn noch lange in Erinnerung behalten. Das ist hauptsächlich Ihr und euer aller Verdienst. Die vielen guten Wünsche, die liebevoll ausgesuchten Geschenke und nicht zuletzt die heiteren Stimmungseinlagen haben das Fest so richtig rund gemacht. Dafür danke ich allen sehr herzlich.

Damit wir auch den nächsten »Runden« genauso fröhlich feiern können, verspreche ich: Ich werde alle gutgemeinten Ratschläge befolgen! Und ich vertraue darauf, dass alle guten Wünsche wahr werden!

Mit einem herzlichen Dankeschön

Dankschreiben, Einladung – an Gastgeber

Sehr geehrter Herr Schürmann,

bitte glauben Sie mir: Ich habe schon viele tolle Feste erlebt. Doch was Sie am Sonnabend auf die Beine gestellt haben, ist wirklich einmalig! Angefangen vom fantasievollen Empfang – die Kostüme der Platzanweiser waren toll! – über das amüsante Programm und die kulinarischen Glanzlichter bis hin zum eindrucksvollen Eiszauber um Mitternacht.

Es war ein rundum gelungenes Fest. Dafür, dass ich dabei sein durfte, sage ich ein herzliches Dankeschön. Der Abend wird mir noch lange in Erinnerung bleiben.

Viele Grüße aus dem kalten Norden

Dankschreiben, Hochzeit – an private Freunde

Liebe Freundinnen und Freunde,

stellt euch vor: Der Himmel hängt für uns immer noch voller Geigen! Obwohl wir nun schon 1.728.000 Sekunden verheiratet sind! Dazu habt ihr auch ganz viel beigetragen. Eure gelungenen Überraschungen bei unserer Feier, die vielen liebevollen Geschenke und guten Wünsche versüßen uns immer noch das Leben.

Besonders eure Riesenbonbonniere. So süß können selbst wir zwei nicht sein, dass wir die jemals leer essen können. Deshalb haben wir uns etwas ausgedacht: Wir laden euch alle am nächsten Sonntag zum Kaffee ein – und jeder wird verdonnert, mindestens zehn! dieser süßen Köstlichkeiten zu vernaschen. Wir haben den Inhalt einmal grob überschlagen: Wenn ihr das etwa fünf Wochen durchhaltet, ist Grund in Sicht!

Also: Das mit der Kaffee-Einladung ist ernst gemeint – um 16.00 Uhr.
Wir freuen uns auf euch – auch wenn ihr die zehn pro Kopf nicht schafft.

Ganz herzlichen Dank für alle eure »Liebesbeweise« zu unserer Hochzeit.

Bis Sonntag eure

Einladungen

Bei kaum einer Art von Schreiben gibt es so viele Unterschiede wie bei Einladungen. Deshalb ist es sinnvoll, sie in folgende Grobkategorien zu unterteilen:
- geschäftliche offizielle,
- berufliche informelle,
- gesellschaftliche,
- persönliche und familiäre Anlässe.

Dazu bieten sich diese verschiedenen Briefformen an:
- persönlicher Brief (auch handschriftlich),
- personalisierter Serienbrief,
- gedruckte Einladungskarte.

Letztere ist üblich bei größeren Familienfesten, zum Beispiel Hochzeiten, Hochzeitsjubiläen, runden Geburtstagen, außerdem bei gesellschaftlichen und offiziellen geschäftlichen Anlässen wie Firmen- und Vereinsjubiläen, Festbanketten, Feierstunden, Festakten und Bällen.
Ein personalisierter Serienbrief eignet sich für informellere geschäftliche Veranstaltungen, beispielsweise zum »Tag der offenen Tür«, für Arbeitsessen, Produktpräsentationen, Filialeröffnungen, Geschäftserweiterungen, Arbeitskreissitzungen, Info- oder Vortragsveranstaltungen.

Nichts gegen personalisierte Serienbriefe, aber gedruckte Einladungskarten sind oft die bessere Wahl.

Bedenken Sie jedoch dies: Personalisierte Serienbriefe sind Massenware. In der täglichen Geschäftspost halten sie den Löwenanteil und somit haben sie keinerlei Besonderheitswert. Wünschen Sie sich einen solchen für eine Veranstaltung, ist eine gedruckte Einladungskarte die bessere Wahl. Der persönliche Brief, besonders der handschriftliche, kommt schon aus arbeitstechnischen Gründen für Großveranstaltungen nicht in Frage. Im kleinen, privaten Kreis ist er jedoch das Nonplusultra.

Aufbau:

Betreffzeile:	Nur bei personalisiertem Serienbrief möglich, aber kein Muss
Einstieg:	Anlass
Hauptteil:	Grundinformationen: Datum, Uhrzeit (eventuell Dauer), Ort, Gastgeber/in, dazu gegebenenfalls Bewirtungsart und Kleiderempfehlung
Schluss:	Motivation zum Kommen/Programm/Ablauf

Empfohlenes Briefpapier:

Geschäftlich:	Repräsentationsbogen, speziell gestalteter Einladungsbogen, gedruckte Einladungskarte
Privat:	Persönliches (gedrucktes) Briefpapier, gedruckte Einladungskarte, selbstgestaltete Einladungskarte (Bogen)

Einladung, geschäftlich – Produktpräsentation

Wir laden Sie herzlich ein,

sehr geehrte Frau Schmidt,

mit uns am 22. August 20.. zu feiern. Was? Unseren »jüngsten Sprössling«, den

Probo XR, 2007 E

Wir freuen uns, Ihnen dieses Sondermodell als einer der Ersten präsentieren zu können. Um 12.00 Uhr wird die Bürgermeisterin, Frau Uta Dehlenbude, die »Taufe« vornehmen. Bitte stoßen Sie mit ihr und uns auf dieses denkwürdige Ereignis an.

Im Anschluss daran haben Sie Gelegenheit zu einer ausführlichen Besichtigung unserer Geschäftsräume. Für Ihr leibliches Wohl ist gesorgt. Gerne können Sie auch Freunde und Bekannte mitbringen.

Unser Team freut sich auf Sie und Ihre Begleitung.

Einladung, geschäftlich – Einjähriges Geschäftsbestehen

Die »Wundertüte« feiert Einjähriges!

Sehr geehrter Herr Koch,

Sie haben vielleicht genauso wie wir gedacht: Noch so ein Geschenkeladen mehr in Billingdorf – ob das wohl gut geht? Es ist gut gegangen und wir freuen uns darüber sehr. Diese Freude möchten wir mit unseren Kundinnen und Kunden teilen. Deshalb laden wir Sie herzlich ein,

am 3. März 2002
zwischen 10.30 Uhr und 20.00 Uhr

mit uns auf unseren Geburtstag anzustoßen. Damit Sie sich an diesen Tag noch lange erinnern können, haben wir uns etwas Besonderes einfallen lassen: Ein Schnellzeichner wird Ihnen auf Wunsch eine humorige Porträtskizze überreichen – als kleines Erinnerungspräsent.

Wir freuen uns auf Sie!

Einladung, geschäftlich – Jubiläum

Sehr geehrte Frau Kunze,

könnten Sie auf Anhieb sagen, was vor 75 Jahren passiert ist? Wir auch nicht. Wie gut, dass es Chroniken gibt.

Vor 75 Jahren begann zum Beispiel im Deutschen Reichstag in Berlin die erste Lesung des Reichsschulgesetzes. In London wurde die privatrechtliche AG »British Broadcasting Company« gegründet. Die Rundfunkgesellschaft wurde später in eine öffentlich-rechtliche umgewandelt, aber das Namenskürzel BBC ist bis heute bestehen geblieben.

Und noch etwas Wichtiges geschah vor 75 Jahren: Gustav Adolf Steinmann begann in seiner kleinen Werkstatt mit der Produktion von Geldbörsen, Handtaschen und anderen Lederwaren, die er eigenhändig von Haus zu Haus verkaufte. Das war der Anfang unseres Unternehmens. Es hat mit der BBC viel gemeinsam: Aus dem Ein-Mann-Betrieb wurde inzwischen eine europaweit bekannte GmbH. Auch wir führen noch heute das Kürzel in unserem Firmennamen, das der Gründer seinen ersten Produkten gegeben hat: GAST-Lederwaren.

Sie haben es längst erraten: Wir feiern 75-jähriges Jubiläum. Aus diesem Anlass laden wir Sie, gerne auch mit Begleitung, herzlich zu einem Empfang am

Freitag, dem 17. November 20..
von 16.00 bis 19.00 Uhr

ein. Wir versprechen Ihnen eine lukullische Überraschung und die heitere Begegnung mit vielen interessanten Gästen.

Wir freuen uns sehr auf Ihr Kommen!

PS: Bitte schicken Sie uns die Antwortkarte bis zum 3. November zurück. Vielen Dank.

Einladung, privat – Abendessen

Liebe Frau Hohlmeier,

Sie denken bestimmt schon, ich hätte mein Versprechen vergessen. Aber nein! Nur waren die letzten Wochen durch den plötzlichen Krankenhausaufenthalt meines Mannes mehr als ein Riesendurcheinander. Doch nun ist zum Glück wieder Normalität eingekehrt.
Deshalb soll's nun endlich wahr werden: Ich lade Sie und Ihren Mann ganz herzlich zu einem gemütlichen Abendessen ein. Passt Ihnen der übernächste Freitag? Oder ist das zu plötzlich? Ich denke, es ist das Einfachste, wenn wir den Termin telefonisch »aushecken«. Bei den wenigen Lücken, die sowohl Ihr als auch mein Terminkalender hergibt, entsteht sonst voraussichtlich ein langes Frage-und-Antwort-Spiel. Außerdem können Sie mir dann auch gleich Ihre Lieblingsspeisen verraten. Ich möchte auf keinen Fall an Ihrem Geschmack »vorbeikochen«!

Ich melde mich in den nächsten Tagen.
Bis dahin herzliche Grüße

Einladung, privat – Geburtstag

Alles wie immer, lieber Fritz!

Du weißt ja, wie ich am liebsten Geburtstag feiere: deftig, feucht, lange und fröhlich. Daran soll auch die 0 nichts ändern. Außerdem gibt es da so ein Gerücht, dass man spätestens mit 60 beständig werden soll. Deshalb halte ich es wie immer: Ab 11.00 Uhr ist am Freitag, dem 11. Dezember, »Haus der offenen Tür«. Ebenfalls wie immer: Für Speis und Trank ist reichlich gesorgt. Und wenn du – auch wie immer! – kommst, freue ich mich sehr.

Bis dahin mit wie immer herzlichen Grüßen

Empfehlungsschreiben

Im früheren Sinn: *Welche Referenzen können Sie vorweisen?* gibt es diese Schreiben nicht mehr. Damals waren sie ein Zeugnisersatz.
Trotzdem gibt es Empfehlungsschreiben noch in veränderter Form: Als persönliche Unterstützung einer Bewerbung (aber nicht mit den üblichen Unterlagen!), als Referenzbrief zu einem Produkt oder als Türöffner im privaten Bereich.

Wenn Sie jemanden empfehlen, tragen Sie das Ehrlichkeitsrisiko.

Solche Schreiben haben von Natur aus einen positiven Tenor. Vermeiden Sie aber Übertreibungen und alle Aussagen, zu denen Sie nicht 100-prozentig stehen können. Der Absender oder die Schreiberin trägt das Ehrlichkeitsrisiko. Empfehlungsschreiben aus falsch verstandener Freundschaft können sich als Schuss nach hinten entpuppen!

Aufbau:

Betreffzeile:	Bei Produktreferenzen möglich, aber kein Muss, sonst unüblich, weil persönlicher Brief
Einstieg:	Beschreibung der Person/Sache/Grund der Empfehlung
Hauptteil:	wesentliche Eigenschaften/persönliche gute Erfahrungen
Schluss:	Dank/Bekräftigung/Empfehlung

Empfohlenes Briefpapier:

Geschäftlich:	Geschäftsbogen, persönliches (gedrucktes) Briefpapier
Privat:	persönliches (gedrucktes) Briefpapier

Empfehlungsschreiben, geschäftlich – Person

Sehr geehrter, lieber Herr Dr. Steinborn,

Sie wissen, dass ich Ende des Jahres »privatisiere«. Nein, nein, dies wird keine verfrühte Einladung zu meiner Pensionierungsfeier. Die kommt später! Mein Schreiben hat einen anderen Grund.

Sie erwähnten vor kurzem, dass Ihre Sekretärin Sie aus familiären Gründen verlässt und Sie darüber wenig begeistert sind. Es ist ja wirklich nicht so einfach, eine perfekte »Managerin« des persönlichen Umfeldes zu finden.

Deshalb kam mir diese Idee: Sie kennen Frau Tatjana Klemm, die mir nun schon seit fast zehn Jahren als engagierte Assistentin zur Seite steht. Mit meinem Ausscheiden aus dem Unternehmen tritt zwangsläufig auch für sie eine Veränderung ein. Ich könnte mir vorstellen, dass Sie und Frau Klemm ein gutes Team abgeben würden.

Durch unsere langjährige Geschäftsbeziehung wissen Sie bereits aus eigener Erfahrung, welche von Außenstehenden zu erkennenden Qualitäten Frau Klemm hat. Ihr gesamtes Auftreten, ihre Höflichkeit, Aufgeschlossenheit und ihr Taktgefühl sind Ihnen bekannt. Ergänzend kommen die Eigenschaften hinzu, die ich im Laufe der Jahre schätzen gelernt habe: absolute Vertrauenswürdigkeit, überdurchschnittliche Belastbarkeit, gute organisatorische und konzeptionelle Fähigkeiten und, nicht zu vergessen, eine unerschütterliche Gelassenheit und stets natürliche Fröhlichkeit.

Tatjana Klemm wird jederzeit ohne ein Empfehlungsschreiben von mir einen neuen Arbeitsplatz finden. Doch bevor sie sich auf den »freien Markt« begibt, möchte ich mit diesem Brief zwei Dinge erreichen: Erstens sollen Sie als mein langjähriger Geschäftspartner einen kleinen Zeitbonus zum Abwägen der Situation haben.

Zweitens handele ich auch etwas eigennützig. Ich fühle mich nach der langen gemeinsamen Zeit verantwortlich für die berufliche Zukunft von Frau Klemm. Bei einem Wechsel zu Ihnen brauchte ich mir keine Sorgen zu machen. Damit wäre sicher, dass sie in einem angenehmen Arbeitsumfeld landet. Lassen Sie uns doch bei unserem nächsten Treffen darüber reden. Wir sehen uns ja schon am übernächsten Dienstag.

Bis dahin herzliche Grüße

Empfehlungsschreiben, geschäftlich – Produkt

Sehr geehrter Herr Wolf,

Sie überlegen, ob Sie in Ihren Geschäftsräumen ein Sicherheitssystem der Firma »Beschirmt & Behütet« einbauen lassen. Wie ich von Herrn Rauch, dem Geschäftsführer, erfuhr, interessieren Sie sich hauptsächlich für eine akustische Fernüberwachung und baten um Referenzen. Diese Bitte will ich gern erfüllen.

Ich kenne die Qualität dieser Anlage seit einem Jahr und – leider – auch bereits im Einsatz. Meine Geschäftsräume sind alle mit der akustischen Fernüberwachungsanlage ausgestattet. Vor einigen Wochen wurde im Erdgeschoss eingebrochen. Die Täter konnten dank des gut funktionierenden Systems noch vor Ort von der Polizei festgenommen werden. Auch der Wartungsservice der Firma »Beschirmt & Behütet« ist erstklassig, die Bedienung der Anlage unkompliziert und benutzerfreundlich. Ich kann sie Ihnen wirklich empfehlen. Wenn ich Ihnen mit diesem Schreiben Ihre Entscheidung erleichtern kann, freut mich das.

Mit freundlichen Grüßen

Empfehlungsschreiben, privat

Liebe Luise,

Du wunderst dich, dass ich dir schon wieder schreibe? Recht hast du, aber es ist ein besonderer Anlass, über den ich letzte Woche noch nichts wusste.

Gestern erfuhr ich Folgendes: Die Freundin von Andrea wurde von ihren Eltern »verdonnert«, als Austauschschülerin für ein Jahr nach Amerika zu gehen. Vielleicht kannst du dich noch an sie erinnern: Cornelia, blond, zierlich, etwas schüchtern. Die beiden waren schon befreundet, als du noch in Deutschland warst.

Conny ist todunglücklich. Sie hat Angst vor dieser Zeit. Ganz allein, Heimweh, niemanden kennen und was sie sonst noch alles schreckt. Und nun kommt die Pointe: Sie wird nach Boston »verfrachtet«. Da fiel mir doch gleich ein kleines Trostpflaster für sie ein. Ich habe ihr versprochen, dich um diesen Gefallen zu bitten: Kannst du dich bitte zu Anfang etwas um sie kümmern? Ihr helfen, dass sie erst mal ein paar nette Menschen kennen lernt und sich nicht ganz so einsam fühlt? Ich weiß ja, dass du ein äußerst geselliges Leben liebst. Deshalb hoffe ich, dir mit dieser Bitte nichts Schlimmes anzutun. Cornelia ist ein liebes Mädchen. Fast schon zu lieb in der heutigen Zeit. Deshalb wohl auch ihr Problem mit dem Austausch, nach dem sich hundert andere Mädchen bestimmt die Finger lecken würden. Du brauchst also wirklich keine Angst zu haben, dass ich dir eine verrückte Nudel oder einen wilden Teenie ans Herz lege! Erfüllst du mir meinen Wunsch? Melde dich bitte bald, damit ich das »verschreckte Hühnchen« etwas beruhigen kann.

Weil ich dich gut kenne, sage ich schon mal ganz herzlichen Dank!

Viele liebe Grüße über den großen Teich

Entschuldigungen

Im Film wird das Schreiben eines Entschuldigungsbriefes meistens so dargestellt: Jemand sitzt vor einem Schreibblock; kaut am Füller; schreibt ein, zwei Zeilen; reißt das Blatt ab; zerknüllt es; wirft es in den Papierkorb. Dann mehrere Wiederholungen ab: schreibt ein paar Zeilen.

Keine Frage: Ein angemessenes Entschuldigungsschreiben ist schwierig aufzusetzen.

Die Realität ist kaum anders. Verständlich, denn solche Briefe zählen zu den schwierigsten. Oberstes Gebot: Ehrlichkeit. Zweiter Grundsatz: Angemessenheit, und zwar sowohl für die Länge als auch für die Wortwahl.
Beides hängt von der Art eines Fehlers ab. Bei schwer wiegenden Fehltritten ist beispielsweise ein *Sorry* zu flapsig, ein *echt dumm gelaufen* ebenso. Ein Brief über vier DIN-A4-Seiten für eine relativ harmlose Kleinigkeit wirkt ebenso unangemessen wie zwei Sätze in wirklich ernsten Fällen.
Dosieren Sie auch den Gebrauch von *leider, bedauern, bedauerlicherweise, hoffen* und allen Entschuldigungs- und Verzeihungsausdrücken. Ganz ohne kommt ein solcher Brief nicht aus. Zu viele davon wirken aber übertrieben und stellen die Ehrlichkeit der oder des Schreibenden in Frage.

Aufbau:

Betreffzeile:	Nicht üblich, da persönlicher Brief
Einstieg:	Entschuldigung/Darstellung der Situation
Hauptteil:	Erklärung/Rückblick
Schluss:	Positiver Zukunftsausblick/Anbieten von Wiedergutmachung, Entschädigung

Empfohlenes Briefpapier:

Geschäftlich:	Repräsentationsbogen, persönliches (gedrucktes) Briefpapier
Privat:	Persönliches (gedrucktes) Briefpapier, (selbstgestaltete) Karte mit Einlegeblatt

Entschuldigung, geschäftlich – Buchungsfehler

Sehr geehrte Frau Martini,

Sie haben sich zu Recht beschwert, dass wir Ihren Monatsbeitrag doppelt von Ihrem Konto abgebucht haben. Wir können Ihren Ärger gut verstehen und sagen: »Entschuldigung«.

Sicher ahnen Sie schon, was jetzt kommen könnte: Fehler bei der EDV, Diskette nicht in Ordnung oder Ähnliches. Doch wir wollen uns nicht drücken. Schließlich ist es immerhin ein Mensch, der einen solchen Fehler produziert, und nie die Maschine allein. Wir bedauern, dass dieser Fehler bei uns passiert ist – und noch mehr, dass er gerade Sie getroffen hat.

Deshalb schicken wir Ihnen als kleines »Friedensangebot« einen Gutschein über 10 € mit. Bitte lösen Sie ihn für irgendeine unserer Leistungen ganz nach Ihrem Wunsch ein.

Wir versprechen Ihnen, dass die Abbuchungsdaten in Zukunft noch sorgfältiger geprüft werden. Bitte nehmen Sie die kleine Versöhnungsgeste an.

Ihr ABC-Team grüßt Sie freundlich

Entschuldigung, geschäftlich – Falschlieferung

Sehr geehrte Frau Friedrichs,

Ihre Enttäuschung und Ihren Ärger kann ich gut verstehen. Schließlich hatte Ihre Küche sowieso schon eine ungewöhnlich lange Lieferzeit, weil Sie sich einige ganz spezielle Details wünschten – und dann kommt auch noch eine falsche. Für diesen äußerst bedauerlichen Fehler entschuldige ich mich bei Ihnen im Namen meiner Firma.

Bitte glauben Sie mir, diese Verwechslung bei der Bestellung tut mir außerordentlich Leid. So etwas dürfte nicht passieren, ich weiß. Doch schon Platon sagte: »Der Fehler begleitet den Menschen.« Nirgendwo, wo Menschen arbeiten, sind Fehler völlig ausgeschlossen. Leider!

Es ist mir klar, dass sich Ihre Situation durch diese Erkenntnis nicht verbessert. Aber ich hoffe, Sie damit verhandlungsbereit zu stimmen. Ich biete Ihnen Folgendes an: Sie behalten die jetzt gelieferte Küche so lange, bis Ihre Wunschküche da ist. Als kleinen Ausgleich für die Unannehmlichkeiten, die Sie dadurch haben, übernehmen wir diese Kosten: die zusätzlich anfallenden Ein- und Ausbaukosten für die Ersatzküche sowie für den endgültigen Aufbau – dazu alle Anschlusskosten der Geräte. Wie Sie wissen, sind die letzten beiden Positionen nicht im Kaufpreis enthalten.
Ich hoffe sehr, dass Sie dieser Abwicklung zustimmen werden.
In den nächsten Tagen melde ich mich bei Ihnen telefonisch.

Bis dahin mit bedauernden Grüßen

Entschuldigung, geschäftlich – Fehlverhalten

Sehr geehrter Herr Kleinschmidt,

Sie haben allen Grund, über mein gestriges Verhalten verärgert zu sein. Ich bin mit meinen Äußerungen über Ihre Arbeitsweise eindeutig zu weit gegangen. Dafür entschuldige ich mich bei Ihnen in aller Form.

Eigentlich sollte ich Erfahrung genug besitzen und mich so gut in der Gewalt haben, dass ich auch in hitzigen Debatten nicht den kühlen Kopf verliere. Das ist mir gestern leider nicht gelungen und ich bedauere meine beleidigenden Worte sehr.

Ich kann Ihnen versichern, dass es nicht meine Absicht war, Sie zu verletzen oder Ihre Arbeit herabzuwürdigen. Ich hoffe, dass unser bislang ungetrübtes Verhältnis durch diesen Vorfall nicht auf Dauer belastet wird.

Mit der nochmaligen Bitte um Entschuldigung

Entschuldigung, privat – Fehlverhalten

Liebste Freundin,

ich weiß beim besten Willen nicht, welcher Teufel mich gestern geritten hat. Bitte verzeih mir, dass ich dir und deinen anderen Gästen den Abend verdorben habe.

Es war alles so schön – wie immer bei dir – und ich weiß auch gar nicht, was den Ausschlag für mein unmögliches Benehmen gegeben hat. Ich war plötzlich gereizt und jedes Wort der anderen war mir zu viel. Dass ich das nicht in den Griff bekommen habe und so zum Auslöser für diesen unschönen und natürlich völlig überflüssigen Streit geworden bin, betrübt mich sehr.

Ich kann als Entschuldigung für dieses eigentlich unverzeihliche Verhalten nur meine totale Arbeitsüberlastung der letzten Monate anführen. Es klingt wie eine blöde Ausrede, ich weiß. Aber ich finde keine andere Erklärung für mein – für mich selbst – unverständliches Verhalten. Bitte nimm meine Entschuldigung trotzdem an. Ich gelobe Besserung! Bei den anderen werde ich mich auch noch entschuldigen. Das ist das Mindeste, was ich tun kann, um deine »Gastgeber-Ehre« wiederherzustellen. Kann ich dir wieder unter die Augen treten? Bitte gib mir ein kleines Versöhnungszeichen!

Mit zerknirschten, aber hoffnungsvollen Grüßen

Entschuldigung, privat – vergessener Termin

Liebste Carla,

was musst du nur von mir denken? Als ich heute Morgen in meinen Kalender schaute, durchzuckte es mich: Ich habe gestern Abend unseren Kinotermin vergessen! Es tut mir Leid!

Bestimmt bist du reichlich sauer auf mich. Mit Recht. Wahrscheinlich hast du versucht, mich zu Hause anzurufen, aber ich war noch in der Firma. Dort geht seit Wochen alles drunter und drüber. Ich arbeite zur Zeit wie ein Verrückter, deshalb habe ich auch keinen Kopf für was Privates. Bitte habe Nachsicht mit mir! Ich gebe mir auch redlich Mühe, in Zukunft nicht mehr so schusselig zu sein.

Bitte schau dir den Blumenstrauß etwas genauer an. Dort ist etwas versteckt: eine kleine »Reparationszahlung«. Und den Termin vergesse ich nicht! Versprochen!

Liebe Grüße

Genesungswünsche

Je nach Schwere der Krankheit können Genesungswünsche mit zu den schwierigsten Briefen überhaupt gehören.

Eine schwierige Gratwanderung: den Kranken bedauern und gleichzeitig aufmuntern.

Wichtige Bestandteile: Positive Ausblicke, Bedauern der Situation, gute Wünsche.
Vermeiden Sie Fachsimpeleien über die Krankheit und Pessimismus. Ein optimistischer Aufhänger kann beispielsweise die eigene Freude über die Nachricht eines schnellen Genesungsprozesses sein oder der Wunsch, mit Blumen oder einem Präsent dem Rekonvaleszenten eine Freude zu bereiten.

Aufbau:

Betreffzeile:	Nicht üblich, da persönlicher Brief
Einstieg:	Bezug nehmen auf die Situation/Blumen (Geschenk)/Bedauern
Hauptteil:	Positive Ausblicke oder Eigenschaften des Patienten/Trost
Schluss:	Gute Wünsche/positive Zukunftsentwicklung

Empfohlenes Briefpapier:

Geschäftlich:	Repräsentationsbogen, persönliches (gedrucktes) Briefpapier
Privat:	Persönliches (gedrucktes) Briefpapier, Doppelkarte (auch selbstgestaltet), je nach Länge des Textes mit Einlegeblatt

Genesungswunsch, geschäftlich – Geschäftsfreund

Lieber Herr Dr. Flachmann,

als ich gestern die Nachricht von Ihrer plötzlichen Erkrankung bekam, war ich wie vor den Kopf geschlagen. Vorgestern noch, als Sie bei mir waren, erzählten Sie mir von den wichtigen neuen Projekten, die dringend Ihre Anwesenheit erfordern. So kann ich nachempfinden, dass Sie sich zur Zeit um diese Notwendigkeit genauso viel Sorgen machen wie um Ihre Gesundheit. Deshalb biete ich Ihnen ganz spontan und herzlich an: Wenn ich Ihnen im geschäftlichen Bereich irgendwie helfen kann, bin ich gerne für Sie da! Scheuen Sie sich bitte nicht, dieses Angebot anzunehmen.

Ich wünsche Ihnen, dass der Genesungsprozess schnell vorangeht. Dazu, dass Sie die notwendige Gelassenheit entwickeln können, diesen zu unterstützen. Je intensiver Sie die unerwünschte Zwangspause nutzen, neue Kraft zu sammeln, umso eher werden Sie wieder auf den Beinen sein. Dass dies so schnell wie möglich der Fall sein wird, hoffe ich für Sie sehr.

Mit herzlichen Genesungswünschen

Genesungswunsch, geschäftlich – Kollegin

Liebe Frau Freesmann,

wie schön, dass Sie auf dem Weg der Besserung sind! Wir alle haben uns gefreut, als wir diese gute Nachricht von Ihrem Mann bekamen. Die ganze Abteilung vermisst Sie sehr. Sie wissen ja: Sie sind und bleiben die gute Seele hier.

Aber lassen Sie sich trotzdem Zeit, wieder richtig auf die Beine zu kommen. Weder Ihnen noch uns hilft es, wenn Sie zu großen Ehrgeiz entwickeln. So gerne wir Sie bald wieder bei uns haben möchten: Ein Rückfall wegen nicht ganz richtigen Auskurierens hilft weder Ihnen noch uns. Erholen Sie sich also erst mal richtig und sammeln Sie Kraft für die Arbeit. Keine Angst: Wir lassen schon genügend davon für Sie liegen, bis Sie wieder hier sind.

Bis dahin senden wir Ihnen unsere allerherzlichsten Genesungswünsche.

Genesungswunsch, vor Antritt einer Kur

Liebe Frau Schneider,

Ihr Mann hat mir heute eine Nachricht überbracht, die mich sehr freut: Sie können in wenigen Tagen das Krankenhaus verlassen und werden dann zur Kur fahren. Wie schön für Sie, dass der Genesungsprozess erfreulich und schnell verläuft. Bestimmt können Sie daraus Mut und Kraft schöpfen.

Ich bin sicher, dass der Kuraufenthalt Ihnen den nötigen letzten »Schub« zum völligen Gesundwerden bringen wird. Genießen Sie diese Wochen so intensiv es geht. Wie ich höre, wird Ihr Mann Sie begleiten. So können Sie sich mit ihm gemeinsam an der schönen Umgebung von Bad Reichenhall freuen.

Für die Mußestunden zwischen den Anwendungen schicke ich Ihnen etwas Lesestoff. Ich hoffe, dass ich Ihren Geschmack einigermaßen getroffen habe.

Mit den besten Wünschen für eine schöne und erfolgreiche Kurzeit

Genesungswunsch, privat – gute Freundin/Verwandte

Liebe Gabriele,

hoffentlich kann ich dich mit meinem kleinen Präsent etwas aufmuntern! Erfahrungsgemäß dehnen sich die Stunden eines Krankenhaustages wie Kaugummi. Deshalb habe ich einige amüsante Kurzgeschichten für dich ausgesucht, die dir etwas Freude und Ablenkung bereiten sollen.

Beides kannst du bestimmt gut gebrauchen. Du hast aber auch ein Pech. Gerade dachtest du: »Endlich nach Hause!«, da bekamst du diesen Rückfall. Aber zum Glück sagen die Ärzte ja, dass dies nichts Bedrohliches und nichts Langwieriges ist. Also bleibe weiter so optimistisch, wie du Gott sei Dank von Natur aus bist. Ich werde dich nach Kräften dabei unterstützen und dir täglich eine kleine telefonische »Optimismusspritze« verpassen.

Ich melde mich morgen zur gewohnten Uhrzeit gegen Abend. Bis dahin wünsche ich dir wie immer gute Besserung und ebensolches Durchhaltevermögen.

Alles Liebe

Genesungswunsch, privat – guter Freund/Verwandter (Unfall)

Hallo, du altes Haus,

was machst du denn für Sachen? Lässt dich einfach auf den Zweikampf mit einem Auto ein? Na, du hast uns einen ordentlichen Schrecken eingejagt mit der Nachricht von deinem Unfall. Was uns etwas beruhigt, ist die Tatsache, dass du deinen Humor offensichtlich trotzdem nicht verloren hast. Deine Schilderung vom »Däumling-Goliath-Zweikampf« lässt diesen Rückschluss jedenfalls zu.

Doch im Ernst: Wir sind heilfroh, dass du Glück im Unglück gehabt hast und »nur« einige kleinere, aber leider auch etwas größere Blessuren davongetragen hast. Sicher wirst du die jetzt »gepflasterten Baustellen«, wie du es nennst, bald vergessen haben. Solche Schürfwunden heilen zum Glück ja schnell. Etwas mehr Geduld wirst du wohl mit dem Gipsbein aufbringen müssen. Und wie wir dich kennen, zählt Geduld ja nicht gerade zu deinen stärksten Seiten. Deshalb schicken wir dir mit unseren herzlichen Genesungswünschen ein »Care-Paket der Ruhe«. Wir hoffen, dass der Inhalt dir hilft, die Zeit zu vertreiben, und du so die notwendige Gelassenheit leichter an den Tag legen kannst. Hoffentlich geht deine Erwartung in Erfüllung, dass du schon bald das Krankenhaus verlassen kannst. Wir wünschen es dir sehr und drücken dir dafür und für ganz schnelle Genesung fest die Daumen.

Mit herzlichen Grüßen und einem vierstimmigen Toi, toi, toi

Deine
Isabell, Gerhard, Sven und Tanja

Genesungswunsch, privat – guter Freund/Verwandter (schwer krank)

Lieber Rainer,

dieser kleine Blumenstrauß erfreut dich hoffentlich ein wenig. Er kommt von Herzen und soll dir zeigen, dass ich an dich denke! Von Helga habe ich gehört, dass es dir zur Zeit nicht besonders gut geht. Das tut mir sehr Leid und ich drücke dir ganz fest die Daumen, damit es schnell wieder aufwärts geht.

Bei unserem letzten Gespräch hast du gesagt: Ich lasse mich nicht unterkriegen. Das klang so wunderbar kraftvoll und kämpferisch. So kenne ich dich, du Lieber, und ich bitte dich: Bleib auch so! Ich bin fest davon überzeugt: Deine Tapferkeit wird belohnt! Die letzte Therapie hat doch viele gute Verbesserungen gebracht. Also kannst du auch daran glauben, dass die bevorstehende dir weiterhelfen wird.

Und schau zwischendurch auch mal aus dem Fenster! Die dunklen Tage sind vorbei. Der Frühling lässt seine ersten Botschaften erahnen: Sonnenstrahlen, hier und da schon ein Vogelzwitschern und die ersten grünen Triebe. Das ist die Zeit des Erwachens und der Hoffnung. Sie wird auch dir helfen, Kraft zu schöpfen.

Den nächsten Blumenstrauß bringe ich dir persönlich. Das habe ich mir ganz fest vorgenommen – voller Terminkalender hin oder her. Lass es mich einfach wissen, wenn du Lust auf einen Besuch hast. Bis dahin schicke ich dir viele liebe Gedanken und umarme dich herzlich.

Mit 1000 guten Genesungswünschen

Glückwünsche

Schriftlich gratulieren ist »in«. Der Griff zum Telefonhörer ersetzt einen Glückwunschbrief höchst unvollkommen. Wie nett eine telefonisch übermittelte Gratulation auch gemeint sein mag: Den nachhaltig positiven Eindruck, den ein Schreiben hinterlässt, kann sie nicht erwecken.
Gleiches gilt für industriell gefertigte Karten. Wer einem gedruckten *Herzlichen Glückwunsch zum Geburtstag* lediglich *sendet dir Anton* hinzufügt, zeigt ziemlich deutlich: Sehr viel bedeutet mir das »Jubelkind« nicht.

Er ist und bleibt das Nonplusultra: der persönliche Glückwunschbrief.

Außerdem gibt es viele geschäftliche Anlässe, zu denen sich ein Anruf oder eine vorgedruckte Glückwunschkarte von allein verbietet. *Viele gute Wünsche zum Jubiläum* auf der Vorderseite, *von Ihrem langjährigen Geschäftspartner zum 100-jährigen* im Innenteil, das wäre der Witz schlechthin. Ein persönlicher Brief, der auf die individuelle Beziehung zwischen Absender/in und Empfänger/in eingeht, ist und bleibt das Nonplusultra.
Verschicken Sie Ihr Glückwunschschreiben mit einem Geschenk oder einem Blumengruß, sollten Sie im Text kurz darauf eingehen.

Aufbau:

Betreffzeile:	Nicht üblich, da persönlicher Brief, Zitate können als Betreffersatz verwendet werden
Einstieg:	Anlass/Rückblick/Gratulation
Hauptteil:	Erfolg/Würdigung/Lob/Geschenk/ Gemeinsamkeiten/Gratulation
Schluss:	Wünsche/Ratschlag/Zukunftsausblick

Empfohlenes Briefpapier:

Geschäftlich:	Repräsentationsbogen, persönliches (gedrucktes) Briefpapier
Privat:	Persönliches (gedrucktes) Briefpapier, (selbsterstellte) Doppelkarte mit Einlegeblatt

Glückwunsch, geschäftlich – Geburtstag (Geschäftspartner)

Man bleibt jung,
solange man noch lernen,
neue Gewohnheiten annehmen
und Widerspruch ertragen kann.
(Marie von Ebner-Eschenbach)

Sehr geehrter Herr Preuth,

Sie feiern heute einen ganz besonderen, weil »runden« Geburtstag. Dazu gratuliere ich Ihnen sehr herzlich. Ich kenne Sie so gut, dass ich behaupten kann: Im Sinn von Marie von Ebner-Eschenbachs Ausspruch werden Sie noch lange jung bleiben!

Sie sind in Geschäftsverhandlungen immer bereit, Widerspruch zu ertragen. Und nicht nur das: Sie sind ein Freund von Veränderungen, immer voller neuer Ideen und voll ungebremstem Tatendrang. Für Ihr neues Lebensjahrzehnt wünsche ich Ihnen, dass diese Tatkraft und Ihr Ideenreichtum Sie auch weiterhin zu neuen Erfolgen führen werden. Dazu Gesundheit, viel Glück und dass der heutige Tag für Sie besonders schön und erinnerungswert verläuft.

Mit den besten Geburtstagswünschen

Glückwunsch, geschäftlich – Geburtstag (Kollege)

Lieber Herr Marten,

im Namen der gesamten ABC-Abteilung gratuliere ich Ihnen sehr herzlich zum Geburtstag. Wir wünschen Ihnen für das neue Lebensjahr Gesundheit, Kraft, viel Freude und Glück. Dazu auch, dass Sie etwas weniger Arbeit und mehr Zeit für Ihr geliebtes Hobby haben werden.

Ob dieser Wunsch realistisch ist? Ich bezweifle das, ehrlich gesagt, etwas. Bei Ihrem Tatendrang und Ihren sprudelnden Ideen! Doch Sie haben selbst gesagt, dass Sie sich etwas mehr Freizeit gönnen möchten, und deshalb haben wir eine Hobby-Zutat für Sie ausfindig gemacht, die recht selten ist. So haben Sie wenigstens schon mal die Zeit zum Suchen gespart und können diese gleich kreativ für ein neues Werk einsetzen.

Mit herzlichen Geburtstagsgrüßen

Glückwunsch, geschäftlich – 50-jähriges Jubiläum (kurze Geschäftsbeziehung)

Sehr geehrter Herr Schwanke,

zu Ihrem 50-jährigen Geschäftsjubiläum gratuliere ich Ihnen sehr herzlich. Der Name »Schwanke« hat in der Branche stetig wachsende Bedeutung gewonnen. Er ist zum Qualitätsbegriff geworden.

Was Sie aus dem kleinen Betrieb, den Sie vor vielen Jahren von Ihrem Onkel übernahmen, gemacht haben, verdient Bewunderung und Anerkennung.

Unsere Geschäftsbeziehung ist, gemessen an der Jubiläumszahl, noch ein Baby. Trotzdem weiß ich bereits: Eine bessere und vertrauensvollere Zusammenarbeit kann es nicht geben. Dafür mein herzlicher Dank. Ich hoffe, dass sich unsere Verbindung weiter festigen wird, damit wir in Zukunft ein Jubiläum unserer Geschäftsbeziehung feiern können. Lassen Sie uns als erstes Ziel das Fünfjährige anstreben. Alles, was ich dazu tun kann, werde ich beisteuern.

Ihnen wünsche ich, dass der Erfolg Sie weiter begleitet!

Alles Gute und viele Grüße

Glückwunsch, geschäftlich – 75-jähriges Jubiläum (lange Geschäftsbeziehung)

Lieber Herr Möller,

75 Jahre Möller-Werke! Wenn das kein Grund zum Feiern ist. Ich gratuliere Ihnen ganz herzlich zu diesem bedeutenden Ereignis.

75 Jahre sind für ein Unternehmen kaum anders als für ein Menschenleben. Höhen und Tiefen, Freude und Trauer, Angenehmes und Unerfreuliches – alles durfte und musste durchlebt werden. Sie, lieber Herr Möller, gleichen diese Unterschiede nun bereits seit fast 20 Jahren mit unternehmerischem Geschick, großem Wissen und beeindruckender Kompetenz aus.

Erinnern Sie sich noch an die ersten Gespräche, bei denen Ihr Vater, Sie und ich den Ausbau unserer Geschäftsbeziehung »in trockene Tücher« packten? Ich sehe das Bild noch wie heute vor mir: Sie verblüfften mich nicht nur durch Ihre auffallend große Ähnlichkeit mit Ihrem Vater. Besonders überrascht war ich von Ihrem schon damals ungeheuer großen Fachwissen und Ihrem – in jungen Jahren sehr seltenen – Weitblick. Könnte Ihr Vater – mit dem mich, wie Sie ja wissen, weit mehr als eine Geschäftsbeziehung verband – den heutigen Tag miterleben, wäre er bestimmt sehr stolz auf Sie.

Sie haben das Familienunternehmen auf beispielhafte Weise zu einem Großkonzern ausgebaut. Ihre Geschäftspolitik zeichnet sich nicht nur durch notwendige Risikobereitschaft aus, Sie haben immer auch auf Beständigkeit gebaut. Ein Beispiel dafür ist die jahrzehntelange Verbindung unserer Firmen. Für die vertrauensvolle und immer angenehme Zusammenarbeit sage ich herzlichen Dank.

Diesen möchte ich zusätzlich zum Wort mit einem Präsent ausdrücken, das – kaufmännisch betrachtet – »Ware ohne Wert« ist. Mit dem »offiziellen« Jubiläumsgeschenk meiner Firma schicke ich Ihnen das Erinnerungsstück an Ihren Vater, welches mir am meisten ans Herz gewachsen ist. Es war sein Geschenk an mich zum Tag der zehnjährigen Zusammenarbeit.

Ich wünsche Ihnen für die Zukunft, dass Ihnen der Erfolg treu bleibt und Sie auch weiterhin das Quentchen Glück haben, das selbst der Tüchtigste dazu braucht.

Mit herzlichen Jubiläumsgrüßen

Glückwunsch, geschäftlich – Berufsjubiläum

Liebe Frau Grauert,

Sie sind unserer Firma von Beginn Ihres Arbeitslebens an treu geblieben! Das hat wirklich Seltenheitswert. Etwas Besonderes ist auch Ihr außergewöhnliches Engagement, mit dem Sie Ihre Aufgaben erfüllen.

Schon seit vielen Jahren haben Sie sich freiwillig zu Ihrer eigentlichen Sekretariatsarbeit auch noch die Fortbildung der Schreibkräfte aufgehalst. Und mit welchem Erfolg! Ich glaube, wir zählen zu den Firmen, deren Briefe die wenigsten Fehler aufweisen. Ihr kritisches Auge sieht alles. Ihr Wissen um Orthografie und Interpunktion ist wirklich brillant. Und ebenso bewundernswert ist Ihre Art, wie Sie dieses vermitteln. Sie verbessern nicht nur, sondern Sie erklären geduldig, warum und wieso dieses oder jenes falsch ist. Dafür und für Ihre jahrzehntelange Treue danke ich Ihnen sehr herzlich.

Bitte bleiben Sie nicht nur, wie Sie sind, sondern auch noch viele Jahre bei uns. Lassen Sie es sich heute an Ihrem Ehrentag rundum gut gehen. Und nicht nur heute. Zu dem kleinen »Naturalienpräsent« gehören drei Tage Sonderurlaub dazu.

Mit den herzlichsten Glückwünschen zum 25-jährigen

Glückwunsch, geschäftlich – Geschäftseröffnung

Sehr geehrte Frau Fedeler,

Sie haben es geschafft! Heute feiern Sie die Eröffnung Ihres eigenen Friseursalons. Dazu meinen herzlichen Glückwunsch.

Sicher waren die letzten Tage und Wochen hektisch, anstrengend und nervenaufreibend. Das lässt sich erfahrungsgemäß vor einer Geschäftseröffnung nicht vermeiden – doch nun können Sie erst einmal aufatmen und feiern. »Der Anfang ist die Hälfte vom Ganzen.« Ich wünsche Ihnen, dass dieser Satz von Aristoteles wahr ist, denn dann haben Sie bereits den halben Erfolg in der Tasche.

Dass die zweite Hälfte nicht auf sich warten lässt und Sie für Ihren unternehmerischen Mut ganz schnell belohnt werden, gehört ebenfalls zu meinen guten Wünschen für Sie.

Alles Gute für die Zukunft!
Es grüßt Sie mit einem herzlichen Toi, toi, toi

PS: Damit die private Seite bei allem beruflichen Streben nicht ganz zu kurz kommt, schicke ich Ihnen etwas *Entspannung* für erholsame Stunden mit.

Glückwunsch, geschäftlich – Geschäftserweiterung

Sehr geehrte Frau Plaßmann,

herzlichen Glückwunsch! Nicht nur zu Ihrem Umzug in die neuen Geschäftsräume, sondern auch zu Ihrem Mut. Dieser gehört in der heutigen Zeit bestimmt dazu, wenn jemand expandiert.

Ich bin ganz sicher, dass Ihre Risikobereitschaft belohnt wird. Sie haben sich mit Ihrem erlesenen Angebot bereits einen so guten Namen gemacht, dass auch Ihr erweitertes Sortiment bestimmt begeisterte Abnehmer finden wird. Ihre Stammkunden werden mit Ihnen umziehen. Ich wünsche Ihnen, dass auch Ihr freundliches, qualifiziertes Team weiter so zur Stange hält wie bisher. Dazu viel Glück bei allen Ihren neuen Zielen und Erfolg – Erfolg – und noch mehr Erfolg.

Mit den besten Wünschen

Glückwunsch, Auszeichnung – Geschäftspartner

Sehr geehrte Frau von Calloni,

mit großer Freude haben wir in der heutigen Tageszeitung gelesen, dass Ihnen die Verdienstmedaille des Verdienstordens der Bundesrepublik Deutschland vom Bundespräsidenten verliehen wurde.

Wir beglückwünschen Sie herzlich zu Ihrem Erfolg!

Wir sehen in dieser Auszeichnung die verdiente Anerkennung hervorragender persönlicher und fachlicher Leistungen und den Ausdruck großen Vertrauens in Ihre Arbeit.

Wir hoffen, dass Sie sich mit Ihren langjährigen Erfahrungen weiterhin um die Pflege und Erhaltung der Kultur in Deutschland kümmern werden.

Mit freundlichen Grüßen

Glückwunsch, geschäftlich – Geburt

Liebe Frau Ritter, sehr geehrter Herr Ritter,

herzlichen Glückwunsch zur Geburt Ihrer Tochter Janine. Gerade fand ich die schöne Nachricht in der Post, die sich während meiner Geschäftsreise auf meinem Schreibtisch aufgetürmt hat. Deshalb kommen meine guten Wünsche für Sie erst heute.

Ich freue mich ganz besonders für Sie, liebe Frau Ritter, dass Ihr Wunsch in Erfüllung gegangen ist. Sie haben mir ja oft genug erzählt, wie gerne Sie Ihr Quartett mit einem kleinen Mädchen komplett machen würden. Meine Bewunderung für Sie ist nun schon wieder ein Stück gewachsen. Wie Sie es schaffen, Ihre Mutterpflichten und Ihren Beruf unter einen Hut zu bringen: Respekt. Ich freue mich schon heute darauf, unsere langjährige, angenehme Geschäftsbeziehung mit Ihnen als »Vierfach-Mutter« fortzusetzen. Doch nun gönnen Sie sich erst einmal die angemessene Auszeit.

Meine besten Wünsche gelten natürlich als Erstes Ihnen und Ihrer kleinen Janine. Ich hoffe sehr, dass es Mutter und Tochter gut geht. Für die Zukunft wünsche ich Ihnen und Ihrem Mann, dass Ihnen das Glück immer zur Seite steht und Sie viel Freude mit Ihrem »Glücks-Kleeblatt« haben.

Mit herzlichen Grüßen

Glückwunsch, geschäftlich – Hochzeit (Kollegin)

Liebe Frau Teske,

diese Überraschung ist Ihnen aber wirklich gelungen: Sie haben in Ihrem Urlaub geheiratet! Von uns allen ganz herzlichen Glückwunsch!

Bislang haben Sie »ihn« ja perfekt vor uns versteckt. Niemand hat geahnt, dass es »ihn« überhaupt gibt. Oder war es vielleicht eine »Ferien-Blitzhochzeit«? Wie auch immer: Wir sind gespannt wie die Flitzebogen. Werden Sie wenigstens ein Foto mitbringen, wenn Sie wiederkommen, oder dürfen wir den jungen Ehemann dann auch persönlich kennen lernen? Wir freuen uns jedenfalls schon darauf, bald mit einer strahlenden Braut zusammenzuarbeiten.

Unser (nachträgliches) Hochzeitsgeschenk möchten wir Ihnen dann gerne persönlich überreichen. Unsere allerbesten Wünsche für das neue Leben aber schon hier: Viel Glück, Harmonie, traute Zweisamkeit und ein stets wolkenloser Ehehimmel.

Und erst einmal: Schöne Flitterwochen!

Glückwunsch, privat – Hochzeit (Freunde)

Liebe Sybille, lieber Horst,

ihr habt geheiratet – und das ohne Vorwarnung!?! Gerade ihr, wo ihr doch immer gesagt habt, ein Trauschein sei das überflüssigste Papier der Welt, seid also doch im Hafen der Ehe gelandet. Soll ich euch dazu nun gratulieren oder lieber nicht? Spaß beiseite: Ich freue mich für euch. Ganz, ganz lieben Glückwunsch!

Schwebt ihr auf der berühmten Wolke sieben? Ich wünsche es euch. Und auch, dass sich an eurem Zusammenleben nicht viel ändert. Ihr wart doch sowieso schon das Traum-Ehepaar, auch ohne das »Papier«.

Wenn ihr ausgeflittert habt, meldet euch doch bitte mal. Ich bin wahnsinnig gespannt, euren Grund für diesen »Glückstritt« zu erfahren!

Bis dahin alles Liebe

Glückwunsch, privat – Geburtstag (Freund)

Lieber Helmut,

stimmt es denn wirklich, dass du heute 60 wirst? Ich kann es kaum fassen. Du wirkst auf mich nicht viel anders als vor 30 Jahren. Seit wir uns damals kennen gelernt haben, sind wir gemeinsam durch jedes Dick und Dünn gegangen, das man sich nur vorstellen kann.

Ja, sie waren wirklich bewegt, diese Jahre unserer Freundschaft. Wahrscheinlich ist das der Grund für deine Jugendlichkeit. Du bist immer in Bewegung geblieben, hast deinen Tatendrang mit ungebremstem Schaum ausgelebt und bist von einem Ziel zum nächsten geeilt. Die Hindernisse, die sich dabei zeigten, hast du eher übersprungen, als sie aus dem Weg zu räumen.

Wenn ich ganz ehrlich bin, beneide ich dich direkt ein wenig. Vielleicht sollte ich mir ruhig einmal eine Scheibe von deinem Schwung abschneiden, damit ich nicht bald zwanzig Jahre älter wirke als du, lieber Freund!

Aber ich gönne dir alles von Herzen und gratuliere dir zu deinem »Runden« mit einem dreifachen »Der Glückspilz lebe hoch«. Bleib, wie du bist, dann wirst du sicher 100!

Mit herzlichen Geburtstagsgrüßen

Glückwunsch, privat – Einzug (Freunde)

Liebe Michaela, lieber Christian,

bislang wart ihr »Weltmeister im Umziehen«. Ich kann es schon kaum noch zählen, wie oft wir auf die neuen vier Wände angestoßen haben.

Doch nun wird's damit wohl zu Ende sein. Ihr habt ihn euch erfüllt, den großen Traum: euer eigenes Haus! Ganz herzlichen Glückwunsch dazu und viele liebe Wünsche für das neue, sesshafte Leben.

Zurzeit ist das bestimmt noch recht chaotisch. Wenn ich daran denke, mit wie viel Sack und Pack ihr schon das letzte Mal umgezogen seid! Also, um die Auspackarbeit beneide ich euch wirklich nicht. Aber gerne biete ich euch meine Hilfe an. Anruf genügt – und schon habt ihr zwei Hände mehr zum Auspacken. Ich warte auf das Klingeln!

Bis dahin liebe Grüße

Glückwunsch, privat – Prüfung bestanden (Nichte)

Hallo Katharina,

du hast es geschafft! Herzlichen Glückwunsch zur bestandenen Prüfung. Prima, wie du das hingekriegt hast. Nicht nur gerade mal »so durchgekommen«, sondern mit einer super Note! Auch dazu gratuliere ich dir.

Ich bin richtig ein bisschen stolz auf dich, obwohl ich ja gar keinen Anteil an deiner Leistung habe. Na ja, oder vielleicht doch so einen klitzekleinen? Ich hoffe jedenfalls sehr, dass meine »Tanten-Briefe« etwas geholfen haben. Oder besser gesagt, die »Beilagen« darin. Sie haben dir zumindest etwas den Rücken freihalten sollen, damit du mehr Zeit zum Lernen hattest.

Weil du immer gesagt hast, wie willkommen dir meine kleinen Beruhigungsmittel waren, gibt's heute zur Belohnung eine Doppelspritze. Erfülle dir einen geheimen Wunsch damit. Du hast es dir verdient!

Viele liebe Grüße von deiner Tante

Glückwunsch, privat – Konfirmation (Patenkind)

Lieber Jens,

zu deiner Konfirmation einen ganz lieben Glückwunsch von mir. Ich bin richtig traurig, dass ich diesen wichtigen Tag nicht mit dir und allen anderen feiern kann. Aber ich habe es dir ja ausführlich am Telefon erklärt. Du verstehst es zum Glück auch und bist mir nicht böse. Wie schön – danke!

Bestimmt hörst du heute viele ernsthafte Worte und gute Ratschläge, und wie ich dich kenne, findest du das reichlich »blöd« oder »doof«. Deshalb verkneife ich es mir, dir einen salbungsvollen Brief zu schreiben. Obwohl das eigentlich für einen Patenonkel Pflicht wäre. Nur so viel: Dieser Tag wird traditionell als der Stichtag zum Erwachsenwerden betrachtet. Das finde nun ich »doof«. Kein Mensch kann von heute auf morgen plötzlich die Anforderungen erfüllen, die an einen Erwachsenen gestellt werden. Manche von den »Großen« schaffen das ja nicht einmal nach Jahrzehnten. Lass dir also ruhig Zeit und genieße den Ausklang der Kindheit. Dazu gehört zum Beispiel, sich von den Eltern mal was sagen zu lassen – das findest du weniger toll, ich weiß. Aber genauso bedeutet es auch, noch eine Weile umsorgt zu werden. Ich zum Beispiel würde dich gern noch eine Weile etwas verwöhnen, ehe du endgültig flügge wirst und das vielleicht gar nicht mehr magst. Können wir damit direkt anfangen, wenn ich von der Geschäftsreise zurück bin? Ich habe mir nämlich überlegt, dass du dir dein Geschenk von mir selbst aussuchen sollst. Wir könnten dann erst gemeinsam einkaufen und anschließend essen gehen. Kleine Anleihe aufs Erwachsensein! Gefällt dir die Idee? Ich hoffe, sie ist für dich o. k., und melde mich, wenn ich zurück bin.

Ich wünsche dir einen wunderschönen Tag und grüße dich herzlich

Glückwunsch, privat – Geburt (Nichte)

Liebe Julia,

herzlich willkommen in der Welt! Wer dir das sagt? Deine Tante Christel, die sich heute darauf freut, bald auch deine Patentante zu werden.

Du bist ja wirklich vom ersten Tag an ein Wunderkind: Auf den Tag pünktlich hast du dein Erscheinen eingerichtet! Und die Idealmaße hast du auch. Nicht zu klein, nicht zu groß, weder zu leicht noch zu schwer. Also wirklich, ich bin stolz auf dich! Das sind deine Eltern ganz bestimmt auch – und überglücklich dazu. Grüße sie ganz herzlich von mir und sag ihnen, dass ich mich bald bei ihnen melde.

Mit den ersten lieben Grüßen in deinem Leben von deiner Tante

Glückwunsch, privat – Silberne Hochzeit (Freunde)

Liebe Ellen, lieber Robert,

25 Jahre seid ihr verheiratet! Ist es denn zu fassen? Vielen Dank für eure Einladung. Ich freue mich schon auf diese Feier und komme gerne.

Aber weil ihr ja anstatt am eigentlichen Jubeltag später feiert, hier schon mal pünktlich meine Gratulation: Herzlichen Glückwunsch zu diesem denkwürdigen Tag! Ein solches Hochzeitsjubiläum ist in der heutigen Zeit nun wirklich schon etwas Besonderes. Ihr habt der Statistik ein ordentliches Schnippchen geschlagen! Nochmals: Glückwunsch.

Sicher habt ihr mit eurer Aussage in der humorvollen »Handschellen-Einladung« Recht: Weil ihr euch gegenseitig die notwendige Freiheit für eigene Initiativen gegeben habt, weil keiner von euch versucht hat, den anderen anzuketten, und ihr immer gegenseitig die persönlichen Entscheidungen auch im Einzelgang respektiert habt, seid ihr so glücklich wie vor 25 Jahren.
Dass dies mindestens bis zur »Goldenen« so bleibt,

wünscht euch herzlich

Glückwunsch, privat – Geburtstag vergessen (Freund)

Lieber Georg,

Du hattest Geburtstag – und ich bin ein Esel! Ich habe ihn nämlich verschwitzt. Im wahrsten Sinne des Wortes. Ich arbeite zurzeit wie ein Verrückter. Vor lauter Angst, meine Diplomarbeit nicht pünktlich fertig zu bekommen, schwitze ich Blut und Wasser. Und habe dabei nicht mal mehr eine Ahnung, welcher Wochentag eigentlich gerade ist. Es tut mir Leid, bitte nimm's nicht krumm.

Hier ist er, der zwar leider verspätete, aber ganz herzliche Glückwunsch zu deiner »Schnapszahl«. Du siehst, meine Vergesslichkeit bezieht sich nur aufs Datum. Deshalb erinnere ich mich auch gut, dass du vor gar nicht langer Zeit geseufzt hast: »Ach, könnte ich doch mal wieder so richtig entspannt essen gehen.« Dazu lade ich dich ganz herzlich ein – als nachträgliches Geburtstagsgeschenk inklusive Friedensangebot. Deshalb fällt die Einladung auch etwas üppiger aus. Was hältst du vom »Del Monico«? Sobald ich die letzte Seite auf dem Papier habe, rufe ich dich an.

Bis dahin.
Ganz herzliche Grüße

Hotelanfragen/-buchungen

Häufig werden Hotelanfragen und Reservierungen telefonisch erledigt. Eine durchaus gängige Praxis.

Mit der schriftlichen Bestätigung der Zimmerreservierung haben Sie bei Komplikationen einen Nachweis in der Hand.

Es kann aber vorteilhaft sein, wenn Sie sich die Konditionen schriftlich bestätigen lassen. So bleiben Ihnen unter Umständen unangenehme Überraschungen erspart.
Achten Sie bei Bestätigungen auf die Anreisezeit. Die meisten Hotels garantieren nur dann bei später Ankunft am Abend die Zimmerreservierung, wenn Sie Ihre Spätankunft anmelden.
Und – wenn Sie schon durch den Schriftwechsel auf Nummer Sicher gehen wollen: Vergessen Sie die Bestätigung des Hotels nicht zu Hause.

Aufbau:

Betreffzeile:	Möglich, aber nicht nötig
Einstieg:	Nicht nötig
Hauptteil:	Datum/Zeitraum/Zimmerkategorie/Preis
Schluss:	Dank

Empfohlenes Briefpapier:

Geschäftlich:	Geschäftsbogen
Privat:	Persönliches (gedrucktes) Briefpapier

Hotelanfrage, geschäftlich – Preisverhandlung

Sehr geehrte Damen und Herren,

im Juni nächsten Jahres plane ich eine Vertriebstagung. Diese möchte ich gerne bei Ihnen durchführen. Der genaue Termin ist noch variabel. Es steht nur fest, dass zwei Übernachtungen nötig sind und sich das Zimmerkontingent auf etwa 110 bis 130 (sowohl Einzel- als auch Doppel-)Zimmer beläuft.

Bitte teilen Sie mir mit, an welchen Daten und zu welchen Konditionen diese Tagung in Ihrem Haus durchgeführt werden kann. Ebenso bitte ich um Information, ob es an der Kalkulation etwas verändert, wenn Sie für die beiden Tage Ihre Seminarräume zur Verfügung stellen und eine Abschlussveranstaltung am Abend ebenfalls bei Ihnen stattfindet.

Mit freundlichen Grüßen von Bayern in den hohen Norden

Hotelanfrage, privat – Termin

Per Fax: 1 Seite

Sehr geehrte Damen und Herren,

ich möchte vom 20. bis 22. April einmal wieder Ihr schönes Haus genießen. Vorausgesetzt, die Konditionen haben sich nicht verändert.
Ist ein Einzelzimmer frei? Wenn ja, bitte ich um kurze Bestätigung mit Preisangabe per Fax: (01 23) 4 56 78.

Vielen Dank.

Es grüßt Sie freundlich

Hotelanfrage, geschäftlich – Buchung

Reservierung wie telefonisch besprochen

Sehr geehrte Frau Willhelm,

vielen Dank für Ihre freundliche Auskunft. Wie telefonisch besprochen, bitte ich Sie um folgende Reservierungen:

Zeitraum:	3. bis 5. August 20..
Buchung:	1 Einzelzimmer für Frau Erika Schulz
	1 Einzelzimmer für Herrn Joachim Sturz
	1 Doppelzimmer für Frau und Herrn Maria und Günther Stein
Rechnung:	Bitte gesamt an: Meyer und Meyer KG
	Firmenadresse wie Briefkopf

Zu unseren Lasten gehen Übernachtung und Frühstück sowie – falls erforderlich – Garagenmiete. Die eventuellen Extras werden von den Gästen direkt bezahlt.
Bitte bestätigen Sie mir die besprochenen Konditionen:
EZ pro Übernachtung 66 €, DZ 85 € und die Reservierungsdaten.

Vielen Dank.

Mit freundlichem Gruß nach Freiburg

Hotelanfrage, privat – Buchung

Sehr geehrte Frau Mandler,

vielen Dank für Ihre freundliche Auskunft am Telefon. Bitte reservieren Sie, wie besprochen

1 Doppelzimmer mit Bad/Balkon
vom 29. bis 31. Juli

zum Wochenendtarif von 80 € pro Nacht inklusive Frühstück.

Wir werden voraussichtlich erst gegen 23.00 Uhr anreisen. Bitte vermerken Sie schon heute eine Spätankunft, denn vor 18.00 Uhr schaffen wir es auf keinen Fall, in Düttingdorf zu sein.

Ich bitte um kurze Bestätigung.
Vielen Dank dafür im Voraus.

Mit freundlichem Gruß aus Bad Salzuflen

Hotelanfrage, privat – Sonderkonditionen

Sehr geehrte Damen und Herren,

bitte teilen Sie mir mit, ob es bei Ihnen günstige Wochenendpreise oder Sonderkonditionen für Feiertagsarrangements gibt. Zusätzlich interessiert es mich, ob Vereinbarungen über vorgeschaltete oder angehängte Tage an solche Spezialangebote ebenfalls zu Sonderkonditionen möglich sind.

Im Voraus vielen Dank für Ihre Antwort.

Mit freundlichem Gruß

Innerbetriebliche Korrespondenz

Diese Schreiben haben meist einen »Sammel-Ruf-Charakter«. Oft werden sie am schwarzen Brett oder in firmeninternen Zeitungen veröffentlicht.

Auch für Hausmitteilungen gilt: Nicht die halbe Belegschaft vergessen, sondern Mitarbeiterinnen wie Mitarbeiter gleichermaßen ansprechen.

So ist eine persönliche Anrede nicht immer möglich. Dann ist es modern und wichtig, sowohl die *-innen* als auch die *-er* anzuschreiben. Die Anrede *Liebe Mitarbeiter* ist nur noch dann vertretbar, wenn tatsächlich keine einzige Frau in der Belegschaft ist. Die Umkehrung ist ebenso unhöflich. Gibt es in einem typischen Frauenberuf den einen »Hahn im Korb«, sollten Sie ein Rundschreiben nicht mit *Liebe Mitarbeiterinnen* beginnen.
In großen Firmen ist es üblich, regelmäßig Hausmitteilungen zu publizieren. Diese werden häufig der Erscheinungsfolge nach nummeriert. Dabei können Sie auf eine Anrede verzichten. Verbindlicher ist es aber auf jeden Fall, wenn Sie Ihr Schreiben mit einer solchen beginnen.
Für alle Mitteilungen, die nicht die gesamte Belegschaft betreffen, empfiehlt sich der personalisierte Serienbrief mit Einzelanrede.

Aufbau:

Betreffzeile:	Üblich, aber nicht zwingend *Hausmitteilung* kann als Betreffersatz stehen
Einstieg:	Situation/Objekt/Projekt/Person
Hauptteil:	Details
Schluss:	Ziel/Ergebnis/Dank/Zukunftsaussichten

Empfohlenes Briefpapier:

Geschäftsbogen, speziell erstellte Infoblätter, Plakate, firmeninterne Formblätter

Innerbetriebliche Korrespondenz, Hausmitteilung – Produktionsänderung

Hausmitteilung 02/7

Zum 1. Dezember 20.. wird die Produktion der Kleinlederwaren eingestellt. Eine zufriedenstellende Auftragslage ist für diesen Sektor unserer Produkte nicht mehr zu erwarten.

Zur dauerhaften Sicherung der Arbeitsplätze hat sich die Firmenleitung entschlossen, die Produktion der gewinnbringenden Bereiche auszubauen. Allen Mitarbeiterinnen und Mitarbeitern aus der Kleinlederwarenproduktion ist ein Wechsel in eine andere Abteilung garantiert. Es wird keine Kündigung geben.

Im Namen der Firmenleitung

Innerbetriebliche Korrespondenz, Hausmitteilung – Personalveränderung

Hausmitteilung

Liebe Mitarbeiterinnen und Mitarbeiter,

Frau Brunhild Schönborn wird am 30. Juni 20.. nach 31-jähriger Tätigkeit in unserer Firma in den Ruhestand treten.

Frau Schönborn hat als Sekretärin des Gründers bereits die Anfänge der Firmengeschichte begleitet. Sie hat nicht nur ihre Aufgaben auf vorbildliche Art erfüllt. Darüber hinaus ist sie durch ihre stets hilfsbereite und vermittelnde Art eine Anlaufstelle für jeden geworden, der ein offenes Ohr suchte. Der liebevolle Spitzname »Mutter Schön« sagt mehr als viele Worte.

Wir danken Frau Schönborn für ihren vorbildlichen, unermüdlichen Einsatz für unsere Firma. Wir wünschen ihr einen gesunden und langen Ruhestand mit viel Zeit für alle ihre Hobbys, die sie bislang zu unserem Wohl vernachlässigt hat.

Die Geschäftsleitung

Innerbetriebliche Korrespondenz, Weiterbildungsseminar

Liebe Mitarbeiterinnen und Mitarbeiter,

im Rahmen unserer Reihe »Fortbildung nach Dienst« bieten wir Ihnen als Nächstes das Thema an: »Knigge heute – Erfolg durch gute Umgangsformen«. Wie immer haben wir dafür einen kompetenten Referenten engagiert.

Das Seminar findet vom 20. bis 22. April in unserem Fortbildungszentrum in Bogenhausen statt:

Beginn:	20. April, 17.30 Uhr
	Teilnahme, Übernachtung und Verpflegung kostenlos
Ende:	22. April, 16.00 Uhr

Achtung! Bitte folgende Besonderheit beachten: Ein gemeinsames Abendessen am ersten Tag ist Bestandteil des Seminars. Die Teilnahme ist obligatorisch. Der Abend steht also nicht wie sonst zur freien Verfügung.

Bitte melden Sie sich bis spätestens 15. März an. Zuständig für die Organisation ist die Kollegin Regina Schulz, Durchwahl 123. Die Teilnehmerzahl ist auf fünfzehn Personen begrenzt.

Im Namen der Geschäftsleitung

Innerbetriebliche Korrespondenz, Einladung Betriebsfest

Arbeit macht Spaß –
doch wer kann schon ständig Spaß vertragen?

Deshalb machen wir jetzt Ernst,

liebe Kolleginnen und Kollegen,

und laden Sie herzlich zum Betriebsfest ein. Bitte dick im Kalender vormerken:

Freitag, 17. März, 16.00 Uhr
Betriebsfest 2002

mit (Ehe-)Partnerinnen und Partnern.

Es erwartet Sie ein abwechslungsreiches, lustiges Programm mit Überraschungen am laufenden Band. Dazu ein Riesenbuffet, jede Menge Durstlöscher und um Mitternacht eine große Tombola. Für den guten Ton sorgt bis 2.00 Uhr die

Calypso & Co.-Band

Ab 0.30 Uhr stehen im Halb-Stunden-Takt Busse für die Rückfahrt bereit. Den Frack und das »Lange« können Sie getrost im Schrank hängen lassen, aber ein bisschen schicker als im täglichen Bürotrott sollte es schon sein.

Wir freuen uns auf Ihr Kommen!

PS: Bitte bis 20. Februar bei Frau Freese (Durchwahl 123) Bescheid geben, ob Sie allein oder mit Partner/in kommen.

Innerbetriebliche Korrespondenz, Einladung Betriebsausflug

Wir fliegen aus!

Warum?	*Betriebsausflug*
Wann?	*Am 30. Juni 2002, 8.00 Uhr*
Ab wo?	*Parkplatz der Firma*
Wohin?	*Zur Wasserburg und mehr*
Mit wem?	*Allen Mitarbeiterinnen und Mitarbeitern*
Was gibt's?	*Fahrt über Schloss Neustein mit Besichtigung, Mittagessen in der Wasserburg, Weiterfahrt zum Anleger Bootshausen, Schiffsausflug mit Kaffeetrinken, Rückfahrt zur Firma*
Bis wann?	*Ankunft Parkplatz gegen 19.00 Uhr*
Wie viele?	*Um das zu klären, bitte bis 15. Mai Bescheid geben, ob Sie teilnehmen!*
Wem?	*Gerd Schröder, Durchwahl 123 oder Sabine Hoffmann, Durchwahl 456*
Sonst noch was?	*Ja! Bitte gute Laune mitbringen!*

Innerbetriebliche Korrespondenz, Einsparung

Geiz hat auch seinen Reiz!

Liebe Mitarbeiterinnen und Mitarbeiter,

an einem Punkt wollen wir nicht geizen: Das ist Ihr »Sold«. Deshalb müssen wir andere Einsparmöglichkeiten suchen. Eine haben wir bei den Fahrzeugkosten gefunden.

Nicht immer ist der Einsatz unserer eigenen Fahrzeuge der kostengünstigste Transportweg. Vielleicht kennen Sie diesen Witz: Fragt ein Kunde: »Können Sie mir die Ware noch heute liefern lassen?« Antwort: »Tut mir Leid, aber unser LKW ist gerade mit einem Brühwürfel unterwegs.«

Der Kalauer ist wenig geistreich. Gescheit ist jedoch die Idee dahinter: Die richtige Wahl der Versandart spart Kosten! Überlegen Sie deshalb bitte in jedem Einzelfall, welche die preisgünstigste ist. Prüfen Sie genau die Sondertarife von Kurierdiensten, Post und Bahn. In vielen Fällen kann dadurch erheblich gespart werden.

Müssen unsere eigenen Fahrzeuge rollen, achten Sie bitte auf die optimale Ausnutzung. Leer- oder Mehrfachfahrten bitte unbedingt vermeiden! Ausnutzung der Ladekapazität erhöhen! Bei allen diesen Punkten eingesetzt, hat Geiz einen enormen Reiz!

Bitte geizen und reizen Sie mit! Vielen Dank für Ihre Hilfe.

Innerbetriebliche Korrespondenz, Aktennotiz (Einzelperson)

Aktennotiz

Sehr geehrte Frau Schladerer,

gerade bekam ich die Beschwerde eines Kunden, seine Ware sei in einem beschädigten Paket angekommen. Das hat Auswirkungen auf die Qualität des Produkts – Wasserflecken – gehabt. Selbstverständlich kann der Schaden auf dem Postweg entstanden sein. Trotzdem:

Bitte sorgen Sie dafür, dass alle in der Versandabteilung sorgfältiger arbeiten. Falls Sie der Meinung sind, dass die mit der Endkontrolle Beauftragten durch die hohe Zahl der Pakete überfordert sind, setzen Sie sich bitte mit mir in Verbindung. Wir sollten dann gemeinsam eine Verbesserungsmöglichkeit suchen.

Mit freundlichem Gruß

Innerbetriebliche Korrespondenz, Aktennotiz (mehrere)

Aktennotiz: 20..-09-21
Moderne Korrespondenz

Ausgangslage:	Briefe, die unser Unternehmen verlassen, sind Imageträger. Zurzeit gibt es weder eine einheitliche Gestaltung laut DIN 5008 noch eine Empfehlung für moderne Formulierungen.
Fazit:	Wir verschenken eine wertvolle Möglichkeit, durch eine gleichmäßige Darstellung das Corporate design zu unterstützen. Die zum Teil altmodischen und sehr bürokratenhaften Formulierungen entsprechen nicht dem modernen Image, das sonst gewünscht wird.
Vorschlag:	Ich stelle einen Leitfaden für DIN-gerechten Aufbau und moderne Formulierungen zusammen. Darin fließen alle Erfahrungen ein, die ich durch den Besuch vieler Seminare zu diesem Thema gewonnen habe. Dazu das Wissen aus meiner eingehenden Beschäftigung mit der Fachliteratur. Er wird allen Schreibkräften zur Verfügung gestellt.

Claudia Haverland

Verteiler
Geschäftsleitung: Norbert Krummel
Sekretariat der Geschäftsleitung: Sabine Glift
Sekretariat Personalabteilung: Gabriele Haller
Sekretariat Marketing: Helga Hauser
Sekretariat Vertrieb: Dorothee Steiner

Innerbetriebliche Korrespondenz, Aktennotiz (persönliche Kürzel sind Firmenusus)

Aktennotiz von:	Datum:	an:
NR Durchwahl 123	20..-09-09 Jom. I.W. G.H.	E.S.
		zur Kenntnis zur Erledigung

Neue Messetermine!
Bitte Änderungen beachten!
Wir sind präsent bei:

Heimtextil/Frankfurt/Main	14. Januar – 17. Januar
Premiere/Frankfurt/Main	31. Januar – 4. Februar
MACEF/Mailand	6. Februar – 9. Februar
Ambiente/Frankfurt/Main	14. Februar – 18. Februar
Import-Messe/Berlin	19. März – 22. März
Internationale Messe für Kunsthandwerk/ Florenz	24. April – 3. Mai

Die Termine für das zweite Halbjahr folgen.

Innerbetriebliche Korrespondenz, Telefonnotiz

Telefonnotiz

Von: *Ina Kobus* Für: *Inge Wolff*

Datum des Anrufs: *2002-01-08*

Uhrzeit des Anrufs: *14.10 Uhr*

Frau/Herr *Elisabeth Daumer*

Firma/Redaktion *»Frau und Welt«*

☒ erbittet Termin für ein Interview

☐ ruft wieder an

☒ erbittet Rückruf *(01 23) 4 56 78*

☒ möglichst umgehend

☐ morgen

☐ in den nächsten Tagen

☒ voraussichtlich erreichbar *bis 22.30 Uhr!*

☒ erbittet Fax-Info *(01 23) 4 56 79*

Zum Thema: *Stil und Etikette*

Bereits veranlasst: *Fax ist gesendet!*

Jahreswechsel

Gute Wünsche zum Jahreswechsel erscheinen in den meisten Fällen »im Duett« mit Weihnachtsgrüßen (→ entsprechende Musterbriefe S. 239–245). Doch diese Kombination ist kein Muss.

Wenn Sie sich aus der Postflut zu den Feiertagen hervorheben wollen, müssen Sie sich etwas Besonderes einfallen lassen.

Hauptsächlich im geschäftlichen Bereich werden gute Wünsche für das neue Jahr teilweise absichtlich *nach* dem Weihnachtsfest verschickt. Der Grund: So heben sie sich aus der Postflut hervor, die üblicherweise vor den Feiertagen alle überschwemmt.
Diese Absicht wird jedoch nur dann einen positiven Effekt haben, wenn Sie sich die Zeit für einen individuellen, persönlichen Brief nehmen. Eine vorgedruckte Karte mit Unterschrift wäre »mangelhaft«.

Aufbau:

Betreffzeile:	Nicht üblich, da persönlicher Brief, Zitate können als Betreffersatz verwendet werden
Einstieg:	Rückblick/persönliche Beziehung
Hauptteil:	Gemeinsamkeiten/Ereignisse des zurückliegenden Jahres
Schluss:	Zukunftsaussichten/Wünsche

Empfohlenes Briefpapier:

Geschäftlich:	Repräsentationsbogen, persönliches (gedrucktes) Briefpapier
Privat:	Persönliches (gedrucktes) Briefpapier, (selbstgestaltete) Doppelkarte mit Einlegeblatt

Jahreswechsel, geschäftlich – Geschäftspartnerin

Jeder Abschied ist eine Mobilmachung für die Erinnerung.
HELLMUT WALTERS

Sehr geehrte Frau Dr. Jaspers,

zu keiner Zeit passt dieses Zitat besser als zum Jahreswechsel. Steht der Abschied von einem zu Ende gehenden Jahr an, wird die Erinnerung mit Rückschauen, Zusammenfassungen und Überblicken so mobil gemacht wie selten.

Auch ich nehme diese Tradition auf, und zwar sehr gerne. Der Rückblick auf unsere gemeinsamen Aktivitäten im vergangenen Jahr ist für mich äußerst angenehm. Ich hoffe sehr, dass Sie ihn genauso erfreulich finden. Unsere noch recht junge Geschäftsbeziehung hat sich gefestigt und erweitert, wir haben neue Ideen in gemeinsamer Arbeit verwirklicht und zahlreiche Projekte auf den Weg gebracht.

Für das kommende Jahr sind bereits interessante Pläne entstanden, und weitere Vorhaben warten nur darauf, aus der Taufe gehoben zu werden. Dazu tragen Ihre Kreativität und Ihr Ideenreichtum in großem Maße bei, sehr geehrte Frau Dr. Jaspers.

Ich danke Ihnen für die angenehme und kooperative Zusammenarbeit sehr herzlich und freue mich auf die Fortsetzung im neuen Jahr.

Mit den besten Wünschen für 2003

Jahreswechsel, geschäftlich – Kundin

Sehr geehrte Frau Geissert,

haben Sie vor Weihnachten etwas vermisst? Unseren Weihnachtsgruß vielleicht? Um ehrlich zu sein: Wir wären direkt ein wenig enttäuscht, wenn Sie nicht gedacht hätten: Nanu? Dieses Jahr überhaupt keine guten Wünsche von der ABC-Agentur?

Wir möchten Sie mit diesem »Schweinderl« überraschen und sagen:

»Prosit Neujahr«! Für 2003 wünschen wir Ihnen viel Glück, Gesundheit und Erfolg.

Mit herzlichen Grüßen zum Jahreswechsel

Jahreswechsel, privat – Freundin

Liebe Ulrike,

du hast bestimmt schon gedacht, ich hätte dich vergessen. Aber nein! – wie du siehst. Ich habe nur gedacht: Was sollen Weihnachtswünsche, wenn sie sowieso »veraltet« sind nach deiner Rückkehr? Deshalb dieser Neujahrsgruß.

Hast du dich gut erholt? Ich wünsche es dir. Nun hast du die Weihnachtsfeiertage dieses Mal ganz anders verbracht als sonst. Hoffentlich ist dir das so gut bekommen, wie du es erwartet hattest!

Du wolltest diese Veränderung, dieses Durchbrechen der Gewohnheiten, weil du dir davon einen Schub nach vorn versprochen hast. Ist er eingetreten? Hoffentlich! Für das neue Jahr wünsche ich dir noch viele weitere »gute Schübe«. Ich verspreche dir: Ich helfe dabei so gut ich kann. Im »Anschieben« habe ich schließlich schon Übung! Also: auf dass kein Auto seinen Geist aufgibt, kein Wohnungswechsel fällig wird, keine Schwierigkeiten in der Firma auftreten und nur ein Mann in deine Nähe kommt, der dich auf Händen trägt!

Das alles und noch viel, viel mehr wünscht dir zum neuen Jahr
deine Freundin

Kondolenzbriefe

Gibt es einen Menschen, der einen solchen Brief gerne schreibt? Bestimmt nicht. Und gibt es welche, die damit keine Schwierigkeiten haben? Wahrscheinlich nicht.
Aus diesem Grund drücken sich viele davor, einen Kondolenzbrief zu schreiben. Eine verständliche, aber völlig falsche Reaktion. Ein ausgebliebenes Beileidsschreiben hat schon Beziehungen zerstört, Nachbarschaftsverhältnisse beendet oder Freundschaften belastet.

Balsam für die Seele: ein Beileidsschreiben, das Ausdruck echter Anteilnahme ist.

In Zeiten großen Schmerzes, wie es nach dem Tod eines geliebten Menschen der Fall ist, reagiert jeder wesentlich empfindlicher als im »Normalzustand«. Die Verletzlichkeit ist erheblich größer, die Wahrnehmung für bestimmte Dinge weitaus sensibler als sonst.
So wird in anderen Situationen einem ausbleibenden Brief von manchen wenig oder sogar gar keine Beachtung geschenkt. Das ändert sich in solchen traurigen Ausnahmesituationen des Lebens bei fast allen. Die Frage: *Warum hat XY mir nicht geschrieben?*, bekommt einen hohen Stellenwert. Ein ausbleibender Kondolenzbrief von jemandem, von dem er eigentlich erwartet wurde, verletzt die Gefühle von Hinterbliebenen. Dagegen ist ein Beileidsschreiben, das unerwartet eintrifft, etwas Balsam für die Seele – vorausgesetzt, es ist Ausdruck wirklicher Anteilnahme, spendet Trost und beweist Zuwendung. Dass eine vorgedruckte Karte diese Bedingungen nicht erfüllen kann, bedarf keiner Erklärung.

Fehler vermeiden: die äußere Form des Briefes

Erklärungsbedürftig hingegen scheint dies: Ein Kondolenzbrief wird nicht auf einem Papier mit schwarzem Rand geschrieben! Dieser ist allein allen Schriftstücken oder Drucksachen vorbehalten, die aus dem Trauerhaus verschickt werden. Vermeiden Sie auch alles Bunte – einschließlich des Briefumschlagfutters.
Achten Sie im geschäftlichen Bereich darauf, dass keine Fensterumschläge oder Adressaufkleber verwendet werden und dass ein Kondolenzbrief nicht versehentlich mit der anderen Geschäftspost durch die Frankiermaschine läuft. Freistempler sind für solche Schreiben genauso tabu wie der Versand per Fax!

Das frühere Gebot, einen Beileidsbrief mit der Hand schreiben zu müssen, ist – aber äußerst geringfügig – gelockert. Die handschriftliche Form bleibt nach wie vor die beste.
Die Ausnahme: Wenn jemand eine so schlecht lesbare Schrift hat, dass ein Entziffern zur Zumutung für die Hinterbliebenen würde. Da diese Art Briefe nie »in der Masse« anfallen, lohnt es sich aber, einen lesbaren handschriftlichen Versuch zu starten. Auch wer im Allgemeinen eine »Doktor-Schrift« produziert, kann sich in Ausnahmefällen um eine leserliche bemühen.

Bei maschinengeschriebenen Briefen werden Anrede und Gruß handschriftlich eingesetzt.

Im Geschäftsleben können Sie dann auf maschinengeschriebene Briefe ausweichen, wenn Sie von Unternehmen zu Unternehmen, an einen Vorstand oder einen Verein beispielsweise, schreiben.
Geht eine Kondolenz an eine Einzelperson, werden die Anrede und der Gruß handschriftlich eingesetzt.
Die alte Floskel »Mit stillem Gruß« sollten Sie nicht mehr verwenden. Sie gilt als überholt.
Eine andere Tatsache hat hingegen Bestand: Ein Beileidsbrief sollte sofort nach Erhalt der Todesnachricht geschrieben werden. Kommt ein solches Schreiben später, ist die Gefahr enorm groß, gerade zaghaft vernarbende Wunden schmerzlich wieder aufzureißen.

Aufbau:

Betreffzeile:	Nie
Einstieg:	Beileid/eigene Bestürzung
Hauptteil:	Würdigung der oder des Verstorbenen/ Eingehen auf gemeinsame Erinnerungen
Schluss:	Mitgefühl/Hilfsangebote/Anteilnahme

Empfohlenes Briefpapier:

Geschäftlich:	Repräsentationsbogen, persönliches (gedrucktes) Briefpapier, beides nur, wenn nicht farbig. Sonst schlichtes weißes, qualitativ hochwertiges Papier
Privat:	Persönliches (gedrucktes) Briefpapier, nur wenn nicht farbig. Sonst schlichtes weißes, qualitativ hochwertiges Papier

Kondolenzbrief, geschäftlich – Geschäftspartner (langjährig)

Sehr geehrter Herr Gollert,

mit großer Betroffenheit lasen wir heute in der Zeitung von dem schrecklichen Unglück, bei dem Ihr Firmeninhaber, Herr Guido Sender, ums Leben kam.
Sein plötzlicher Tod ist für Ihr Unternehmen ein schmerzlicher Verlust. Bitte nehmen Sie unser tiefempfundenes Mitgefühl entgegen.

Guido Sender war eine herausragende Persönlichkeit. Mit unermüdlicher Schaffenskraft, beispiellosem Engagement und einer Begeisterungsfähigkeit ohnegleichen hat er das Unternehmen zu der Spitzenposition gebracht, die es heute einnimmt.

Als Geschäftspartner war er ein wertvoller Weggefährte. Seinen Grundprinzipien: Ehrlichkeit und Vertrauen, ist er nie untreu geworden. Wir werden Guido Sender als einen Geschäftsfreund in Erinnerung behalten, der wegen seiner gradlinigen und vertrauenswürdigen Art überall geschätzt wurde.
Wir trauern um ihn.

In aufrichtiger Anteilnahme

Kondolenzbrief, geschäftlich – Geschäftspartner (relativ fremd)

Sehr geehrter Herr Dr. März,

zum Tod Ihres Vorstandsmitgliedes, Herrn Franz Schönborn, sprechen wir Ihnen unsere aufrichtige Anteilnahme aus.

Dieser Verlust, der auch uns sehr berührt, wird von vielen betrauert. Franz Schönborn war eine Persönlichkeit, die in der gesamten Branche hohes Ansehen genoß. Seine vorbildlichen Leistungen, seine wegweisende Art, wie er selbst schwierige Probleme exzellent löste, werden ihn unvergessen machen. Wir denken an ihn mit großem Respekt.

In aufrichtiger Anteilnahme

Kondolenzbrief, geschäftlich – Mitarbeiter (Unfall)

Liebe Frau Mertens,

über das grausame Schicksal, das Sie getroffen hat, sind wir alle mit Ihnen fassungslos. Gestern noch hat Ihr Mann mir seine neuen Ideen unterbreitet, wir waren gemeinsam voller Tatendrang, diese umzusetzen. Und heute reißt dieser schreckliche Unfall Karl Mertens aus unserer Mitte. Zu diesem entsetzlichen Verlust spreche ich Ihnen mein tiefes Mitgefühl aus.

Ihr Mann war ein äußerst beliebter Kollege, ein sympathischer, engagierter und erfolgreicher Mitarbeiter. Mit ihm verband mich eine Gemeinsamkeit, die sehr selten ist: Wir dachten bei neuen Projekten unabhängig voneinander immer in dieselbe Richtung – als hätte er meine Wünsche und Vorstellungen erahnen können.

Ich teile mit Ihnen die Trauer und den Schmerz um Ihren Mann. Ich werde ihn nicht vergessen.

In herzlicher Anteilnahme

Kondolenzbrief, geschäftlich – Mitarbeiterin (lange krank)

Sehr geehrter, lieber Herr Sendlinger,

es hat mich tief betrübt, als ich eben vom Tod Ihrer geschätzten Frau erfuhr. Sie war trotz ihrer Krankheit ein so lebensbejahender und positiver Mensch. Zu diesem schweren Verlust spreche ich Ihnen meine herzliche Anteilnahme aus.

Sie, lieber Herr Sendlinger, wissen am besten, wie bewundernswert tapfer Ihre Frau alle Tiefen in ihrem Leben gemeistert hat.
Sie hat sich bis zuletzt für andere von diesem Leiden Betroffene eingesetzt. Obwohl die Krankheit ihre Kräfte aufzehrte, ließ sie nie nach in ihrem Engagement für diejenigen, denen es ihrer Meinung nach noch schlechter ging – und ein großer Stützpfeiler dieser Meinung waren Sie. Wie oft hat Ihre Frau zu mir gesagt: „Zusammen mit meinem Mann schaffe ich das schon."
Dafür gilt meine Bewunderung auch Ihnen.
Sie haben dazu beigetragen, daß Ihre Frau bis zuletzt so leben und für andere tätig sein konnte, wie sie es wünschte: hilfsbereit, einfühlsam, selbstlos und mit einer Kraft, die von innen kam. So hat sie gelebt und so werden wir sie immer in Erinnerung behalten.

Mit tiefem Mitgefühl

Kondolenzbrief, geschäftlich – Repräsentantin des öffentlichen Lebens

In Gedenken an Elfriede Eilers.

Wir können es nicht fassen: Elfriede Eilers ist tot. Dieser schmerzliche Verlust trifft die Familie, das Unternehmen Eilers, die Bürgerinnen und Bürger von Niederstadt und unseren Verband. Wir sind sehr traurig.

Elfriede Eilers war unvergleichlich. Sie kämpfte unermüdlich für die Belange der Einwohner ihrer Heimatstadt. Ihr politisches Engagement war herausragend. Mit der gleichen Leidenschaft setzte sie sich für Kinder ein: für hungernde, obdachlose, mißhandelte und verwaist. Die Tatkraft, mit der sie ihre dabei gesteckten Ziele verfolgte, war beispielhaft. Der Enthusiasmus, mit dem sie ihr Unternehmen ausbaute und den Namen Eilers zu einem Qualitätsbegriff werden ließ, sucht seinesgleichen.

Woher sie für all das die Kraft nahm, wird uns für immer ein Rätsel bleiben. Vielleicht waren ihre geheimen Quellen ihre Begeisterungsfähigkeit, ihre Nächstenliebe und die Sympathie – ja eher schon Liebe, die sie allen Menschen entgegenbrachte. Wir denken an sie mit Bewunderung und Verehrung. Wir werden Elfriede Eilers nie vergessen

In tiefer Trauer

Kondolenzbrief, Verein – Mann eines Vereinsmitgliedes (offiziell)

Sehr geehrte Frau Fechinger,

zum Tod Ihres Mannes sprechen wir Ihnen und Ihren Angehörigen unser tief empfundenes Beileid aus.

Mit dem Tod von Kurt Fechinger verliert der ABC-Verein einen Mann der ersten Stunde. Als Gründungsmitglied, später Beisitzer und Kassenwart, hat Ihr Mann die Geschicke unseres Vereins entscheidend mitbestimmt. Er hat sich durch seinen tatkräftigen Einsatz und seine nie versiegenden Ideen zum Wohl aller Mitglieder um den ABC-Verein verdient gemacht.

Wir werden ihn als Vereinskameraden in Erinnerung behalten, der wegen seiner ehrlichen und freundlichen Art sehr geschätzt wurde.

In aufrichtiger Anteilnahme

Kondolenzbrief, Verein – Mann eines Vereinsmitgliedes (persönlich)

Liebe Familie Brecht,

für alle Vereinskameraden ist es genauso unfaßbar wie für mich: Volker ist tot. Zu diesem grausamen Schicksalsschlag, der Sie getroffen hat, übermitteln wir Ihnen unser tief empfundenes Mitgefühl.

Wenn man mit der Tatsache konfrontiert wird, daß ein geliebter Freund durch einen schrecklichen Unfalltod aus der Mitte der Familie und des Vereins gerissen wird, stellt sich unweigerlich die Frage: Warum – warum müssen gerade wir dieses Schicksal ertragen? Und diese Frage hat so viel bitteren Beigeschmack. Bis hin zur Verzweiflung.

Vauvenargues hat einmal gesagt: „Verzweiflung vergrößert nicht nur unseren Kummer, sondern auch unsere Schwäche." Damit hat er wohl recht. Wir wünschen Ihnen sehr, daß Sie die notwendige Kraft finden werden, die Sie in den nächsten Tagen, Wochen und Monaten brauchen, um mit Ihrer Verzweiflung fertig zu werden. Unser größter Wunsch ist es, Ihnen dabei wenigstens etwas helfen zu können. Jeder einzelne Vereinskamerad ist für Sie da, wann immer Sie jemanden brauchen.

In aufrichtiger Trauer

Kondolenzbrief, Verein – Präsident (befreundeter Verein)

Sehr geehrter Herr Dr. Fenneli,

mit tiefer Bestürzung haben wir heute die Nachricht vom Tod des Präsidenten Ihres Verbandes, Herrn Heiko Faltermann, entgegengenommen. Zu diesem schweren Verlust spreche ich Ihnen im Namen des Präsidiums des ABC-Verbandes unser aufrichtiges Beileid aus. Bitte nehmen Sie auch mein persönliches herzliches Mitgefühl entgegen.

Heiko Faltermann war ein Präsident, der sowohl nach innen als auch nach außen mit seiner unnachahmlichen Art Wogen geglättet hat, wo es nötig war, der aber auch anspornte und Zukunftsvisionen nahebrachte, wenn die Verbandsaktivitäten zu erlahmen drohten.

Ihr Verband verliert mit dem Tod von Heiko Faltermann einen seiner hervorragendsten Vertreter. Nicht das Amt allein ist der Grund für das hohe Ansehen, das er genießt. Seine außergewöhnliche Persönlichkeit, seine liebenswürdige Art, mit der er jedem begegnete, lassen ihn unvergessen werden.

Wir denken an ihn mit großem Respekt und Dankbarkeit.

Mit tiefer Anteilnahme

Kondolenzbrief, privat – Mutter der Freundin

Liebste Frauke,

„Erlöst". Dieses Wort hast Du vorhin gebraucht, als Du mir die traurige Nachricht vom Tod Deiner Mutter mitgeteilt hast. Ich wünsche Dir von ganzem Herzen, daß Du daraus die Kraft schöpfen kannst, die Du jetzt so dringend brauchst.

Ich teile Deine Trauer, fühle und weine mit Dir. War doch Deine geliebte Mutter für mich wie eine Ersatzmutter. Wie oft hat sie mir beigestanden, mich getröstet, mir geholfen. Ich glaube, sie war mit unserer Freundschaft immer sehr einverstanden.

Ich weiß, wie sehr Du an Deiner Mutter gehangen hast und wie sehr Du sie vermissen wirst. Mir geht es kaum anders. Ihre immer so liebevolle Zuwendung wird mir sehr fehlen. Deine Mutti, liebste Frauke, war eine bewundernswerte Frau. Mit welcher Tapferkeit sie die letzten schweren Monate ihres Lebens ertragen hat, ist unvergleichlich.

Auch Dir gilt meine Bewunderung. Du hast alles getan, was in Deiner Macht stand, ihre Leiden zu lindern und ihr durch Deine Liebe bis zum Schluß noch einige Sonnenstrahlen zu schenken. Erlöst. Laß uns gemeinsam dafür danken, daß sie nicht mehr leiden muß. Und laß uns auch gemeinsam die Last tragen, die Dir jetzt auferlegt ist. Ich bin immer für Dich da, egal, ob Tag oder Nacht.

In tiefer Trauer und mit einer tröstenden Umarmung

Kondolenzbrief, privat – Bruder

Liebe Veronika,

ich will und kann es nicht fassen: Gerd ist tot. Seit Mutter vor einigen Stunden angerufen hat, bin ich wie betäubt. Und tief traurig. Dich jetzt zu trösten, fällt mir schwer. Nicht nur mein eigener Schmerz ist es, der mir das Gefühl von Unfähigkeit vermittelt. Wie könnte ich Dir Trost spenden? Welche Worte wären mächtig genug, Dich in Deiner Trauer zu erreichen, Dir wirklich etwas geben und helfen zu können? Trost. Gibt es ihn überhaupt, wenn ein geliebter Mensch, der gestern noch gelacht und gescherzt hat, plötzlich aus unserer Mitte gerissen wird?

„Beim Tod eines geliebten Menschen schöpfen wir eine Art Trost aus dem Glauben, daß der Schmerz über unseren Verlust sich nie vermindern wird."
Dieses Zitat sagt das, was ich fühle. Vielleicht geht es Dir ebenso. Laß uns den Schmerz teilen und ihn ausleben. Nur so gibt es eine Chance, daß er doch irgendwann einmal nicht mehr ganz so grausam sein wird wie jetzt.

Du weißt, wie sehr ich Gerd geliebt habe. Er war für mich mehr als ein Bruder. Er war wie Vater, Freund und Bruder in einer Person. Und Du weißt auch, was ich für Dich empfinde. Du bist mir wie eine Schwester geworden. Ich werde alles tun, was ich kann, um Dir beizustehen. In Gedanken bin ich bei Dir. Ich umarme Dich.

Deine Schwägerin und Freundin

Kondolenzbrief, privat – Tochter von Freunden

Liebe Carola, lieber Bernhard,

wir sind völlig fassungslos: Lisa ist tödlich verunglückt. Eure geliebte Tochter, die so tüchtig, lebenslustig und voller liebenswerter Träume war, ist durch einen grausamen Autounfall aus Eurer Mitte gerissen worden.
Bitte nehmt unser tief empfundenes Mitgefühl entgegen. Wir möchten Euch so gerne etwas Tröstliches sagen, doch wir fühlen uns hilflos. Der Schmerz, den Ihr erleiden müßt, können wir nur unvollkommen erahnen. Wir wissen, wie schwer es ist, eine Mutter oder einen Vater zu verlieren. Aber ein Kind? Eine hoffnungsvolle 18jährige, die das ganze Leben noch vor sich hatte? Es muß eine grausame Wunde sein, die Euch geschlagen wurde. Bitte denkt immer daran: Ihr habt Lisa alles gegeben, was ein Mensch sich nur wünschen kann. Ihr habt ihre Kindheit behütet, sie auf unnachahmliche Weise auf ihrem Weg zum Erwachsenwerden begleitet. Wie oft hat sie gesagt: „Ich habe die besten Eltern der Welt." Schöpft etwas Kraft aus ihrer großen Liebe zu Euch. Und daraus, daß Ihr einander habt. Es gibt einen Satz von Robert Fulghum: „Ich glaube, daß die Liebe stärker ist als der Tod." Wir wünschen Euch von ganzem Herzen, daß auch Ihr dies glauben könnt.
Wir sind in Gedanken bei Euch und trauern mit Euch um Eure geliebte Lisa. Wenn es irgendetwas gibt, mit dem wir Euch beistehen können, laßt es uns wissen. Es würde unsere eigene Trauer zwar nicht mindern, aber erträglicher machen, wenn wir Euch helfen könnten.

In herzlicher Anteilnahme

Kondolenzbrief, privat – Mann der Nachbarin

Liebe Frau Herrmann,

tief betroffen haben wir eben vom Tod Ihres Mannes gehört. Bitte nehmen Sie unsere herzliche Anteilnahme entgegen. Der Tod Ihres Mannes geht uns sehr nahe. Es schmerzt, daran zu denken, daß Emil Herrmann in unserer nachbarschaftlichen Gemeinschaft fehlen wird.
Er war einer der Motoren für alle Aktionen, die unsere kleine Kolonie zu dem gemacht haben, was sie heute ist; Eine Oase des guten Zusammenlebens. Es ist eines seiner großen Verdienste, daß es hier in der Straße keinen Nachbarschaftsstreit, keinen Zank und Zwist gibt. Er hat mit seiner liebenswürdigen Art, mit seinem nie ermüdenden Engagement für gemeinsame Feste und Unternehmungen dafür gesorgt, daß alle, die hier wohnen, sein lobenswertes Bild von guter Nachbarschaft übernommen haben. Dafür gebührt ihm großer Dank.

Wir werden Ihren Mann nie vergessen. Sein Tod wird uns eine Mahnung sein, sein Wirken in der Nachbarschaft in seinem Sinne fortzusetzen. Ihnen, liebe Frau Herrmann, möchten wir nach Kräften zur Seite stehen. Bitte lassen Sie es uns wissen, wenn wir Ihnen irgendwie helfen können. Wir sind Tag und Nacht für Sie da, wenn Sie uns brauchen.

In aufrichtiger Trauer

Kundenbriefe

Genauso wie Angebote und Begleitbriefe zu Waren sind alle Kundenbriefe Werbeträger für ein Unternehmen.

Auch ein Kundenbrief ist eine Visitenkarte Ihres Unternehmens.

Ganz gleich, ob es sich zum Beispiel um die Vorstellung eines neuen Ansprechpartners, um die Mitteilung von geschäftlichen Veränderungen oder Preisverhandlungen handelt: Passen Sie den Stil solcher Schreiben dem Firmenimage an. Was nützt der modernste Prospekt, die beste Marketingstrategie, wenn beispielsweise die Ankündigung eines Betreuerwechsels mit: »Betr.: Betreuerwechsel« beginnt? Altmodischer und nichtssagender kann ein Kundenbrief kaum anfangen.
Verfassen Sie auch solche Schreiben in einem empfängerfreundlichen, modernen Stil, in der Sie-Ansprache und mit etwas Pfiff.

Aufbau:

Betreffzeile:	Üblich, aber kein Muss
Einstieg:	Ausgangslage/Anlass/Grund/Dank
Hauptteil:	Begründung Veränderung/ Schilderung Neuigkeit/Vorzüge
Schluss:	Dank/Zukunftsperspektiven

Empfohlenes Briefpapier:

Geschäftsbogen, speziell erstellter Bogen

Kundenbrief, Betreuerwechsel

Sie werden gut betreut wie immer – nur etwas anders

Sehr geehrte Frau Märk,

Sie sind seit vielen Jahren unsere Kundin. Für diese langjährige Treue ein großes »Danke«. Sie wissen: Für uns steht die optimale Kundenbetreuung an erster Stelle. Ihr bisheriger Ansprechpartner, Herr Gerold Zekalla, beendet seine Tätigkeit für unser Unternehmen am Ende des Monats.

Damit Sie auch weiterhin einen unverändert guten Kundenservice bekommen, legen wir die Betreuung Ihrer Verträge in die Hände von

Hermann Reichert
Hohenzollernring 12
12345 Musterstadt
Tel.: (01 23) 4 56 78
Fax: (01 23) 4 56 77

Herr Reichert ist unser Generalvertreter für Ihr Gebiet. Bitte wenden Sie sich mit allen Fragen und Wünschen ab dem 1. April 20.. vertrauensvoll an ihn.
Er wird sich bald bei Ihnen melden, um mit Ihnen einen Termin für eine persönliche Vorstellung abzustimmen.

Mit freundlichen Grüßen nach Bielefeld

Kundenbrief, Umbau

Haben Sie schon mal auf einer Baustelle gelebt?

Sehr geehrter Herr Flachmann,

Sie werden diese Frage wahrscheinlich mit »Nein« beantworten. Welches Glück für Sie! Wir wissen zwar auch nicht, wie schlimm es ist, auf einer Baustelle zu leben, aber wie ungemütlich es bereits ist, zwischen zahlreichen Handwerkern zu arbeiten, das erfahren wir gerade.

Doch diesen Zustand haben wir selbst gewollt. Nach unserem Entschluss, den Geschäftsräumen eine völlig neue »Frühjahrsgarderobe« zu verpassen, stellte sich die Frage: »Schließen während des Umbaus oder nicht?« Einstimmig haben wir uns entschieden:

Der Verkauf geht weiter!

Bitte denken Sie also, wenn Sie den Bauzaun vor unserem Eingang sehen, nicht: »Aha, geschlossen.« Kommen Sie wie immer zu einer unverbindlichen Stöberrunde herein. Sie werden dabei viele Schnäppchen finden! Als kleinen Ausgleich dafür, dass Sie dann mit uns das »Baustellenleben« teilen, läuft vom 1. bis 30. März unsere

Hammer-Rotstift-Aktion.

Keine Angst: Der Hammer auf Ihrem Fuß bleibt Ihnen erspart. Aber hammerharte Preise, die finden Sie bei uns.

Wir freuen uns auf Sie!

Kundenbrief, neue Betriebsstätte

Wir sind verrückt,

sehr geehrte Frau Wenzel,

aber nicht so, wie Sie jetzt wahrscheinlich denken. Wir haben unseren Laden verrückt: Von der August-Bebel-Straße zum

Kesselbrink 15

Dort finden Sie uns ab sofort in größeren, noch schöneren Geschäftsräumen.

Zugegeben: Ein bisschen verrückt im anderen Sinn sind wir auch. Wieso? Wir haben unser Sortiment verdoppelt!

Neben dem Ihnen bekannten Angebot von Gag-Geschenken und Scherzartikeln bieten wir Ihnen jetzt auch eine große Auswahl an kunstgewerblichen Präsenten. Deshalb haben wir unseren Namen mit einem kleinen Zusatz versehen:

»Knaller & Co.«

freut sich auf Sie!

Kundenbrief, Änderung Geschäftsleitung

Sehr geehrte Frau Fähndrich,

Sie sind eine unserer langjährigsten Stammkundinnen, die uns seit Jahrzehnten die Treue halten. Dafür sage ich Ihnen sehr herzlichen Dank.

Am 1. Mai werde ich mich aus der Geschäftsleitung zurückziehen und in den – wie ich meine wohlverdienten – Ruhestand gehen. Ich übergebe das Geschäft dann an meinen Sohn, Dietmar Kirsch, der bereits seit vielen Jahren als mein Stellvertreter mit mir gearbeitet hat.

Sie, sehr geehrte Frau Fähndrich, kennen ihn auch schon seit langem als kompetenten Ansprechpartner. Er wird das Geschäft in traditioneller, bewährter Weise weiterführen. Bitte bringen Sie ihm das gleiche Vertrauen entgegen, das Sie mir so lange Zeit erwiesen haben.

Mit Dank für Ihre langjährige Treue

Kundenbrief, Preiserhöhung (neutral)

Sehr geehrter Herr Vogeler,

Sie sind seit Jahren Stammkunde bei uns. Dafür unseren herzlichen Dank.

Wir freuen uns, dass wir Ihnen als langjährigem Kunden auch in Zukunft Vorzugspreise anbieten können. Bitte schauen Sie sich auf der mitgeschickten Liste die günstigen Staffelpreise einmal an. Nach mehr als zweijähriger Preisstabilität sind allerdings auch wir gezwungen, die Grundpreise den permanent gestiegenen Kosten anzupassen.

Wir sind sicher, dass Sie im Branchenvergleich feststellen werden, wie äußerst knapp und fair wir kalkuliert haben. Wir werden dafür sorgen, dass Sie auch weiterhin durch pünktliche Lieferungen und Qualitätsprodukte mit unseren Leistungen zufrieden sind.

Es grüßt Sie freundlich

Kundenbrief, Preiserhöhung (humorvoll)

Unser Angebot ist stubenrein

Sehr geehrter Herr Kisker,

Sie finden unsere Leistung sauber – wie schön! Denn sonst ließen Sie uns nicht schon seit zwei Jahren dafür sorgen, dass Ihre Geschäftsräume blitzblank sind. Wir danken Ihnen für diesen properen Auftrag!

Seit zwei Jahren konnten wir Ihnen unseren Putzservice »Clean & Cleaner« zum konstanten Preis anbieten. Inzwischen ist dieser nun leider etwas verstaubt. Vom »Meister Proper« bis zur »Meisterputzfrau« ist alles teurer geworden. Deshalb müssen wir nun auch bei uns selbst einmal etwas das Staubtuch schwingen.

Wir freuen uns, dass wir Ihnen nach Auslaufen des bestehenden Vertrags eine Weiterführung zu einem lediglich um 3 % erhöhten Monatsbetrag anbieten können. Das ist wieder ein pieksauberes Angebot: äußerst knapp kalkuliert. Schließlich wollen wir eine weiße Weste behalten.

Wir hoffen auf Ihr Verständnis und freuen uns auf einen neuen putzmunteren Auftrag.

Es grüßt Sie das Team von »Clean & Cleaner«

Lobschreiben/Motivation

Heute schon gelobt? Eine Frage, die es sich lohnt zu stellen.

Deutsche Manager loben zu wenig. Diese Schlagzeile geisterte vor kurzem mit großen Lettern durch die Presse. Es wird etwas Wahres daran sein – nicht nur bei Managern. Viel schneller wird gemeckert, kritisiert, das ausgesprochen, was nicht in Ordnung war; das Positive, Angenehme wird häufig als Selbstverständlichkeit hingenommen.
Durchbrechen Sie diese Gewohnheit: Schreiben Sie nicht nur Reklamations-, sondern auch Lobbriefe. Diese sind Motivation per se. Wer gesagt bekommt, dass er etwas gut, besser, am besten gemacht hat, wird dadurch immer angespornt.

Der Motivationsbrief will das gleiche Ziel erreichen. Nur geht ihm nicht immer ein konkreter Anlass voraus, auf den er sich wie ein typisches Lobschreiben beziehen kann. Trotzdem braucht jeder Motivationsbrief das Element Anerkennung und rühmende Worte.
Und beiden Sorten darf dieses Detail nicht fehlen: Dank.

Aufbau:

Betreffzeile:	Nicht üblich, aber möglich
Einstieg:	Anlass/Ziel
Hauptteil:	Begründung/Anreiz/Motivation
Schluss:	Dank/Anreiz

Empfohlenes Briefpapier:

Geschäftlich:	Repräsentationsbogen, speziell erstellter Bogen für Aushang/persönliches (gedrucktes) Briefpapier
Privat:	Persönliches (gedrucktes) Briefpapier, (selbsterstellte) Doppelkarte mit Einlegeblatt

Lobschreiben, geschäftlich – Mitarbeiterin

Liebe Frau Halley,

Sie wissen, wie sehr ich seit Jahren Ihren großen Arbeitseinsatz und Ihre nie ermüdende Freundlichkeit schätze. Ab und zu sage ich Ihnen das ja auch, aber leider viel zu selten!

Deshalb nehme ich die gerade zu Ende gegangenen »Rohrbach-Schaufenster-Tage« zum Anlass, Ihnen diesen Brief zu schreiben. Ihr Einsatz bei dieser Veranstaltung war wieder einmal beispiellos. Ihr Organisationstalent und Ihre Fähigkeit, auch in nervenaufreibenden Situationen alles im Griff zu behalten, ist wirklich Gold wert.

Deshalb kam mir spontan die Idee, mich bei Ihnen auch mit Gold zu bedanken. Diese Gedenkmünze hat nicht nur den allgemeinen Sammlerwert, sie stammt aus der Kollektion meines Vaters. An Ihre ersten Jahre in unserer Firma, in denen Sie mit ihm zusammengearbeitet haben, erinnern Sie sich doch so gerne. Das haben Sie mir oft genug erzählt. Deshalb hoffe ich, Sie freuen sich über dieses Dankeschön.

Und bitte: Bleiben Sie, wie Sie sind! Ich gelobe Besserung. In Zukunft werde ich Ihnen häufiger sagen, wie froh ich bin, Sie als Mitarbeiterin zu haben.

Es grüßt Sie herzlich

Lobschreiben, geschäftlich – Mitarbeiter

Lieber Herr Ullstedt,

Sie haben in den letzten Wochen Überdurchschnittliches und Beachtliches geleistet. Mit welchem Elan und ungeheurer Korrektheit Sie dieses Projekt durchgezogen haben: meine Anerkennung.

Es ist nicht unbemerkt an mir vorübergegangen, dass Sie dies nur mit vielen Überstunden geschafft haben. Ich kann mir vorstellen, dass Ihre Frau darüber nicht gerade begeistert war, und deshalb schicke ich Ihnen als kleines Dankeschön zwei Musical-Eintrittskarten.

Erschrecken Sie nicht, wenn Sie das Datum sehen. Natürlich hätten Sie an dem Tag eigentlich keine Chance, pünktlich zu Beginn der Vorstellung in Wiesbaden zu sein. Aber das ist eben Konjunktiv. Der Tag gehört Ihnen! Und wehe, ich sehe Sie am 23. hier in der Firma!

Viel Spaß wünscht Ihnen und Ihrer Frau

Lobschreiben, privat – Babysitter

Liebe Judith,

du wunderst dich, dass ich dir schreibe? Das kann ich verstehen. Aber ich möchte es dir endlich einmal schriftlich geben: Du bist ein Super-Babysitter!

Wie du mit den beiden »Rangen« umgehst und fertig wirst, ist wirklich toll. Gerade die richtige Mischung von liebevoller Nachsicht und notwendiger Strenge. Seit du diese Aufgabe hier bei uns übernommen hast, kann ich endlich einmal wieder ohne Sorgen aus dem Haus gehen. Dafür sage ich dir ein ganz herzliches Dankeschön.

Bitte kaufe dir von meinem »Dividenden-Dank« etwas Schönes. Aber bitte nicht gerade am Mittwoch – da brauche ich dich nämlich schon wieder!

Bis dahin herzliche Grüße

Motivation, geschäftlich – Messedurchführung

Liebes Messeteam,

Sie alle sind »alte Hasen« auf dem Gebiet der Kundenbetreuung und -beratung. Sie haben Ihre Einsatzbereitschaft und Ihre Verkaufsqualitäten mehr als einmal am Messestand bewiesen. Dafür noch einmal verdientes Lob und Dank.

Trotzdem wende ich mich heute mit dieser Bitte für die bevorstehende Messe an Sie: Gehen Sie noch schneller auf Kunden zu. Beraten Sie noch besser. Weisen Sie noch ausführlicher auf das Gesamtprogramm hin.

Der Grund: Wir setzen auf eine völlig neue Präsentationsstrategie. Es werden nur die Neuerscheinungen groß herausgestellt, das Gesamtsortiment tritt völlig in den Hintergrund. Dazu kommen erstmals interaktive Kommunikationsflächen. Wir alle gehen mit dieser Neuerung einen mutigen Schritt. Sie, jede und jeder Einzelne von Ihnen, stehen an vorderster Front, Sie sind diejenigen, mit denen das neue Konzept steht oder fällt.

Ich weiß, dass Sie während der Messetage Schwerstarbeit leisten müssen. Ich bin jedoch sicher: Sie werden die besonderen Belastungen dank Ihrer Professionalität, Ihrer Leistungsbereitschaft und dem Wunsch, das Unternehmen optimal zu repräsentieren, perfekt meistern. Sie werden dem neuen Konzept und uns allen zum Erfolg verhelfen! Ich baue auf Sie!

PS: Für den letzten Abend, nach Schluss der Messe, lade ich Sie jetzt schon sehr herzlich zu einem ? ... ein. Das Geheimnis wird erst dann gelüftet. Aber bitte schon mal den Termin eintragen!

Motivation, geschäftlich – neue Mitarbeiterin

Willkommen im Team,
sehr geehrter Frau Benteler!

Wir freuen uns, dass Sie da sind. Und Sie sich – hoffentlich! – auf den neuen Arbeitsplatz, die neuen Aufgaben und das neue Team.
Und damit Ihre Freude auf so viel Neues nicht getrübt wird, ist hier unser »Einführungs-Paket« für Sie:

Ihre direkten Kolleginnen und Kollegen sind: Ilse Walter, Jutta Kunze, Jens Meyer und Sven Niemann. Sie alle freuen sich darauf, Ihnen den Start bei uns so leicht wie möglich zu machen. Sie haben einen »Ersttags-Plan« aufgestellt.

Um 10.30 Uhr zeigt Ilse Walter Ihnen das Gebäude, in dem Ihr gemeinsames Büro ist. Dabei wird sie Ihnen schon einige weitere Kolleginnen und Kollegen vorstellen.

Um 12.30 Uhr wird Jutta Kunze Sie in die Kantine mitnehmen und Ihnen bei der ersten Mahlzeit in Ihrem neuen Job Gesellschaft leisten.

Um 14.00 Uhr hat Jens Meyer für Sie Zeit, falls Sie Fragen zu Ihrem PC, dem Kopierer oder anderen Geräten haben.

Um 15.00 Uhr wird Sven Niemann eine erste, nur kurze Besichtigung durch die Produktion mit Ihnen machen.

Um 16.00 Uhr werden alle vier mit Ihnen zu mir, Ihrem Abteilungsleiter, kommen, damit wir Sie mit einem Begrüßungskaffee willkommen heißen können.

Toi, toi, toi – nicht nur für den ersten Tag – wünscht Ihnen

Mahnungen

Diese Art von Briefen wird zunehmend nötiger. Beliebter wird sie dadurch jedoch nicht – weder bei Empfängern noch bei Absendern.

Fingerspitzengefühl ist gefragt beim Verfassen von Mahnungen.

Letztere stellen sich oft solche Fragen: Wie hart oder wie weich formuliere ich eine Mahnung? Wie komme ich schneller an mein Geld – mit Humor oder mit Drohungen? Beides hängt sowohl von der Beziehung zum Kunden als auch von der Mahnstufe ab. Die Androhung gerichtlicher Schritte ist in einer ersten Mahnung genauso deplatziert wie die »Witzformulierung« für eine letzte, außergerichtliche Aufforderung.
Sie sollten auch zwischen langjährigen Kundinnen oder Kunden, die erstmalig in Verzug kommen, und »Dauersündern« unterscheiden. Dies ist selbst in großen Firmen, in denen das Mahnwesen standardisiert ist, möglich. Dank moderner Technik brauchen nur mehrere Textentwürfe oder variable Textbausteine abrufbereit abgespeichert zu werden.
Auf zwei Details sollten Sie auch bei Mahnungen nicht verzichten: die Anrede und die Grüße. Erscheinen Ihnen die *Freundlichen Grüße* im letzten, unvermeidlich harten »Durchgang« deplatziert? Dann können Sie auf *Hochachtungsvoll* ausweichen, wie es bei Banken und Gerichtsvollziehern unter unerfreulichen Briefen üblich ist (→ *Das Brief-Lego-Spiel,* S. 34–44).

Aufbau:

Betreffzeile:	Üblich
Einstieg:	Tatsache/Feststellung
Hauptteil:	Forderung/Entgegenkommen
Schluss:	Folgen/»Gekreuzt-Zusatz«

Empfohlenes Briefpapier:

Geschäftsbogen

Mahnung, erste – humorvoll

Papier ist bekanntlich geduldig –
aber seine Lieferanten nicht!

Guten Tag,
sehr geehrter Herr Hübner,

Sie haben es im Alltagsstress bestimmt einfach übersehen, dass unsere Rechnung vom 27. August 20.. noch offen ist. Aber das Papier, das wir Ihnen geliefert haben, ist wahrscheinlich schon bald wieder verbraucht. Und deshalb denken wir, dass wir jetzt ein wenig ungeduldig werden dürfen.

Bitte überweisen Sie den offenen Betrag von 310 € für unsere Lieferung vom 27. August, Auftrags- und Rechnungsnummer 95/24785-17, bis zum 30. September 20.. .

Sie wissen ja: Wir verschicken gern Papier! Deshalb bekommen Sie mit diesem Brief noch einmal einen vorbereiteten Überweisungsträger. Sie brauchen nur Ihre Kontoverbindung einzutragen, zu unterschreiben und: ab mit dem Papier zur Bank. So gibt es keinen Papierkrieg – den wollen wir nämlich trotz unseres Faibles für diesen Artikel unbedingt vermeiden.

Mit erwartungsvollem Gruß

Mahnung, erste – humorvoll

Die gute Fee sagt:
Drei Wünsche hast du frei!

Sehr geehrte Frau Schelp,

wünschen Sie sich auch manchmal eine gute Fee? Wir ja. Wenn wir dieses Angebot bekämen, wüssten wir sofort, was wir uns wünschen würden:

1. Wunsch: Sie erinnern sich daran, dass wir Sie immer pünktlich und zu Ihrer Zufriedenheit beliefert haben.
2. Wunsch: Sie überweisen uns deshalb den offen stehenden Betrag von 375 € aus unserer Rechnung vom 7. Juli 20.. über einen Schreibtisch »XZ-99« bis zum 15. August 20.. .
3. Wunsch: Sie haben unsere Rechnung einfach nur vergessen – und nicht etwa einen Grund zur Reklamation.

Sollte dieses Wunschdenken falsch sein, rufen Sie uns doch bitte an. Dann werden wir ganz schnell einen Weg finden, ein Missverständnis aus der Welt zu schaffen oder einen Fehler zu beheben.

Es grüßt Sie freundlich

Mahnung, erste – sachlich

Zahlungserinnerung
Ihr Auftrag vom 3. April 20.., unsere Rechnung Nr. 30-49-77 vom 10. April

Sehr geehrter Herr Wiegand,

am 10. April 20.. lieferten wir Ihnen termingerecht einen Esstisch, Modell »Ausziehwunder«.

Sie haben bislang nichts an der Ware beanstandet. Deshalb gehen wir davon aus, dass es keinen Grund für eine Reklamation gibt.

Unsere Rechnung vom 10. April 20.. mit dem Rechnungsziel 10. Mai ist allerdings noch nicht bezahlt. Deshalb bitten wir Sie, den Vorgang zu prüfen. Wir haben alle Zahlungseingänge bis zum 18. Mai berücksichtigt.

Bitte überweisen Sie den offenen Betrag von 420 € bis zum 30. Mai auf eines unserer Konten. Eine Rechnungskopie erhalten Sie mit diesem Schreiben.

Haben Sie die Rechnung doch bereits beglichen? Dann werfen Sie diese Erinnerung bitte einfach in den Papierkorb.
Danke!

Mit freundlichen Grüßen aus Möbelstadt

Mahnung, zweite – freundlich

Haben Sie uns vergessen,

sehr geehrter Herr Hoss?

Auf unser Erinnerungsschreiben vom 29. Dezember 20.. haben Sie bis heute nicht reagiert. Vielleicht ist unsere Originalrechnung verloren gegangen? Wir schicken eine Kopie mit.

Bitte überweisen Sie den überfälligen Betrag von 895 € bis zum 31. Januar auf eines unserer Konten. Die Einzelheiten entnehmen Sie bitte der Rechnungskopie.

Wir haben darauf verzichtet, Ihnen Mahngebühren und Verzugszinsen zu berechnen. Warum? Weil uns viel an einer guten Zusammenarbeit mit Ihnen liegt und weil wir davon ausgehen, dass Sie sich für diese kulante Haltung mit einer postwendenden Überweisung revanchieren werden.
Vielen Dank.

Freundliche Grüße nach Mittelstadt

Mahnung, zweite – sachlich

2. Mahnung
Ihr Auftrag vom 17. Januar 20.., unsere Rechnung vom 19. Januar 20..

Sehr geehrte Frau Deichmann,

Sie haben leider auf unser Erinnerungsschreiben vom 23. Februar bis heute nicht reagiert. Ihr Kundenkonto weist am 15. März 20.. immer noch ein Debet von 200 € aus. Bitte überweisen Sie diesen Betrag bis zum 30. März auf eines unserer Konten:

Volksbank Bielefeld
Kontonummer 00 11 22 33
Bankleitzahl 480 600 36

Sparkasse Bielefeld
Kontonummer 00 22 22
Bankleitzahl 480 501 61

Sollte sich diese Mahnung mit Ihrer Überweisung gekreuzt haben, betrachten Sie sie bitte als gegenstandslos.

Mit freundlichen Grüßen

Anlagen
– Kopie der Rechnung vom 19. Januar 20..
– Überweisungsauftrag

Mahnung, dritte

Einschreiben Rückschein

Unsere Rechnung vom 29. Oktober 20..
Mahnschreiben vom 30. November 20.. und 17. Dezember 20..

Sehr geehrter Herr Trauthoff,

leider haben Sie auf unsere beiden freundlichen Erinnerungen nicht reagiert. Deshalb weisen wir Sie darauf hin, dass wir Ihnen heute zum letzten Mal die Möglichkeit geben, juristische Konsequenzen zu vermeiden.

Überweisen Sie den Gesamtbetrag laut mitgeschickter Forderungsaufstellung, Stand 18. Dezember 20.., von 3570 € einschließlich Mahngebühren und Verzugszinsen bis zum 30. Dezember 20.. auf unser Konto:

Kontonummer 3333334
Dresdner Bank Bielefeld
Bankleitzahl 480 800 20

Nutzen Sie diese Chance nicht, sehen wir keine Möglichkeit, das Problem außergerichtlich zu lösen. Nach Ablauf dieser letzten Zahlungsfrist werden wir den Vorgang unserem Anwalt übergeben.

Hochachtungsvoll

Ostergrüße

Gute Wünsche zum Osterfest schriftlich zu übermitteln wird in der letzten Zeit zunehmend beliebter – und das nicht nur privat. Gerade im geschäftlichen Bereich wird ein Osterbrief als wertvolles Kontaktmittel mehr und mehr entdeckt.

Eine gute Gelegenheit, alte Kontakte wieder aufzufrischen: schriftliche Grüße zum Osterfest.

Sie sollten jedoch nur dann ein solches Schreiben verschicken, wenn Sie mehr zu sagen haben als *Frohe Ostern wünscht Ihnen Ihr* ... Eine solche Botschaft nimmt sich selbst auf einer vorgedruckten Grußkarte noch reichlich mager aus.
Wenn Ostergrüße dazu dienen sollen, Beziehungen zu pflegen oder auszubauen, Kontakte zu knüpfen oder zu vertiefen und freundschaftliche Bande zu erhalten, müssen sie schon etwas gehaltvoller sein.

Aufbau:

Betreffzeile:	Nicht üblich, da persönlicher Brief/Zitate können als Betreffersatz verwendet werden
Einstieg:	Gute Wünsche/Rückblick/Gemeinsamkeiten
Hauptteil:	Gemeinsamkeiten/Zitat/Erinnerung
Schluss:	Freude/Wünsche/Ausblick

Empfohlenes Briefpapier:

Geschäftlich:	Repräsentationsbogen, persönliches (gedrucktes) Briefpapier
Privat:	Persönliches (gedrucktes) Briefpapier, (selbsterstellte) Doppelkarte mit Einlegeblatt

Ostergruß, geschäftlich – Geschäftspartner

In einem arbeitsreichen Leben gibt es einen Ratschlag,
dem niemand widersprechen wird;
nämlich: gelegentlich völlig untätig zu sein.
SYDNEY SMITH

Sehr geehrter Herr Meinolf,

Sie gehören zu den Menschen, die pausenlos agieren, entwickeln, auf »die Schiene« bringen. Ich bin mir nicht einmal sicher, ob Sie das Wort »untätig« überhaupt kennen geschweige denn mögen.

Trotzdem wünsche ich Ihnen, dass Sie an den bevorstehenden Osterfeiertagen einmal so richtig »untätig« sein können. Dass Sie Zeit und Muße finden, Ihr bewundernswertes Kraftreservoir aufzutanken.

Ich freue mich schon darauf, Sie in der Woche nach Ostern zu treffen. Unser neues gemeinsames Projekt verspricht äußerst interessant zu werden. Ich entwickele schon eifrig Ideen – allerdings durchaus in dem Wissen, dass Sie mir voraussichtlich bereits wieder eine Nasenlänge voraus sind.

Ich wünsche Ihnen ein schönes und erholsames Osterfest im Kreis Ihrer Familie.

Mit frühlingshaften Grüßen

Ostergruß, geschäftlich – Kunden gesamt (humorvoll)

Wer sitzt dort im grünen Grase?
Und putzt sich die kleine Nase?
Keine Frage – Osterhase!

Wer versteckt die bunten Eier?
Und verschönert stets die Feier?
Keine Frage – Mümmelmeyer!

Wer hilft prompt beim Eiersuchen?
Und backt leck`ren Festtagskuchen?
Keine Frage – Bäcker Duchen!

Wir wünschen allen unseren Kundinnen und Kunden ein frohes Osterfest!

Ihre Bäckerei Meyer & Duchen

Ostergruß, privat – Freunde (allgemein)

Hallo, ihr Lieben,

seid ihr auch schon alle im Osterfieber? Ich bin es total und habe mich eingedeckt mit Eiern – alle Sorten. Einschließlich der, die ich gerade anmale. Meine Küche sieht aus wie die Werkstatt von Meister Klecks.

In jeder Ecke meiner Wohnung steht ein Strauß – Zweige, grüne und trockene, Tulpen, Narzissen. Ein Blumenladen ist nichts dagegen.

Und ich habe mir vorgenommen: Ich will Ostern nicht im Stau stehen! Nein, ich will lesen, Kreuzworträtsel lösen, spazieren gehen, Eier verstecken. Diese mit meinen Nichten und Neffen suchen und nicht wieder finden! Ich will vor mich hinträumen, mich stundenlang in die Badewanne legen, endlich mal wieder skrabbeln, das letztes Jahr angefangene Bild zu Ende malen, mindestens sieben von etwa 20 Videokassetten anschauen, die ich in den letzten Monaten aufgenommen habe, und auch endlich mal das 3-D-Puzzle anfangen. Ihr wisst schon: das Weihnachtsgeschenk vom vorletzten Jahr. Wie lange Ostern bei mir dauern soll? Ich schätze mal, mit etwa drei Wochen könnte ich auskommen.

Ich bin verrückt, ich weiß. Aber jedes Jahr genieße ich diese herrliche Verrücktheit, die diese Jahreszeit in mir auslöst, aufs Neue. Draußen ist es wieder hell, die Sonne lässt sich öfter blicken, das erste Grün erfreut mich, die zaghaft erwachende Natur zeigt mir: Es ist wieder Frühling. Und das macht mich so herrlich närrisch munter, gibt mir frischen Schwung und neuen Elan.

Ich wünsche euch, dass es euch genauso geht wie mir!

Frohe Ostern!

Ostergruß, privat – Mutter

Liebste Mutti,

hoffentlich hast du dich schon so richtig gut runderneuert. Ich finde es toll, dass du dir endlich den langersehnten Wunsch erfüllst, dich für ein paar Tage in einer Schönheitsfarm rundum verwöhnen zu lassen.

Deinen Kuchen, den gemeinsamen Osterspaziergang,
das meisterhaft gekochte Festessen, all das – nicht zu vergessen deine »Eier-Kunstwerke«! – werde ich zwar vermissen, aber auch Mütter haben schließlich das Recht auf ein Eigenleben. Besonders dann, wenn das Küken längst flügge geworden ist.

Du hast mein Leben lang nicht nur die Festtage besonders liebevoll gestaltet. Ich weiß heute: Ich hatte eine wundervolle Kindheit. Dafür danke ich dir von Herzen. Und ich bestärke dich darin: Denk endlich mal etwas mehr an dich!

Genieße diese wenigen Ferientage. Lass dich von vorne bis hinten bedienen, die Profis das Essen kochen und andere die Eier für dich anmalen.
Ich wünsche dir frohe, erholsame Ostern!

In Liebe deine Tochter

PS: Den Kuchen backe dieses Jahr ich! Wenn du zurückkommst, steht er auf dem Tisch.

Pressemitteilungen/-einladungen

Öffentlichkeitsarbeit ist ein wichtiger Bestandteil jedes Unternehmens. Auch Vereine und Verbände brauchen in vielen Fällen die Presse als Resonanzboden.
Je nach Anlass bietet sich eine Pressekonferenz oder ein Pressegespräch an. Der Erfolg steht und fällt bereits mit der Einladung. Wenn sie nicht »zieht«, kommen die Journalisten nicht – also fällt die geplante Veranstaltung ins Wasser.

Planen Sie solche Pressegespräche oder -konferenzen nur dann, wenn Sie wirklich einen herausragenden Anlass haben. Die »Journaille« steht unter permanentem Zeitdruck. Deshalb ist eine Pressemitteilung das häufiger gebrauchte Informationsmedium für die Öffentlichkeitsarbeit.
Für alle Schreiben an die Presse gilt: kurz, knapp, informativ, sachlich, ehrlich und – aktuell. Ein Ereignis, das schon Tage zurückliegt, lockt niemanden mehr hinter dem Ofen hervor.

Knapp und sachlich formuliert haben Pressemitteilungen die größte Chance für eine Veröffentlichung.

Aufbau:

Betreffzeile:	Anlass (Tatsache) bereits als Headline formuliert/Pressemitteilung (-information)
Einstieg:	Die wichtigste Information (keine sonstigen Einstiege oder Belanglosigkeiten)
Hauptteil:	Fakten, Fakten, Fakten/Formulierung: zur Veröffentlichung ohne Änderungen geeignet
Schluss:	Ziel/Perspektiven/Programm (bei Konferenzen/Gespräch) Ansprechpartner/in

Empfohlenes Briefpapier:

Speziell erstellter Bogen: Firmenkopf plus Pressemitteilung, Repräsentationsbogen plus Pressemitteilung (-information)

Pressemitteilung, Einladung

4 auf einen Streich: Weltmeister – Kleeblatt

Sehr geehrter Herr Maßmann,

am Sonnabend, dem 17. November 20.., findet in der Stadthalle Bielefeld ein Galaball statt.

Anlass: 100-jähriges Bestehen der Tanzschule Traber-Schnieder

Hauptattraktion: 4 Weltmeisterpaare, die ihre Shows tanzen

Yoko und Marimoto Nagasaki – Weltmeister Standardtänze
Gainor Smith und Donny Burton – Weltmeister Lateinamerikanische Tänze
Judith Schreiber und Jens Klöber – Weltmeister Rock 'n' Roll
Jermaine Renceaux und René Fleuville – Kür-Weltmeister

Die internationale Zusammensetzung verspricht interessante Informationen. Alle acht Teilnehmer stehen um 16.00 Uhr für Interviews zur Verfügung. Zur Firmengeschichte halten wir eine Pressemappe mit Fotomaterial für Sie bereit. Selbstverständlich geben wir Ihnen dazu auch gerne persönlich zusätzliche Informationen.

Wir laden Sie herzlich zu diesem Pressetermin ein.

Samstag, 17. November 20.., 16.00 Uhr,
Stadthalle Bielefeld,
Konferenzraum A/40.

Der Raum ist fotogerecht beleuchtet. Falls Sie verhindert sind, freuen wir uns, wenn Sie eine Kollegin oder einen Kollegen zu diesem Termin schicken.

Im Namen des TTS-Teams

PS: Für weitere Auskünfte: (01 23) 4 56 78-81, Peter Schnieder; Fax (01 23) 4 56 78-88.

Pressemitteilung, Geschäftserweiterung

Ein Riese wird noch größer:
Möbel Korsmann verdreifacht die Verkaufsfläche

Das Möbelhaus Korsmann hat seine Geschäftsräume von der Herforder Straße 7 zur Herforder Straße 35 verlegt. Damit ist Korsmann, laut eigenen Angaben, das größte privat geführte Möbelhaus in der Region. Das neu erbaute Haus bietet auf mehr als 25.000 m^2 alles, was zur Ausstattung eines Heimes gebraucht wird.

Das bestehende Angebot wurde um Küchen- und Badmöbel sowie eine Porzellan- und Geschenkartikel-Abteilung erweitert. Ein angegliederter Blumenfachmarkt hält von Schnittblumen über Topfpflanzen bis hin zu künstlichen Arrangements ein umfassendes Sortiment bereit. Ein elegant ausgestattetes Restaurant lädt zum Verweilen ein.

Laut Aussage des Inhabers Herbert Korsmann wurden 75 neue Arbeitsplätze geschaffen. Dabei handelt es sich hauptsächlich um festangestellte Fachkräfte.
In der Einweihungswoche vom 2. bis 9. Oktober erwartet die Kunden ein vielseitiges Eröffnungsprogramm. Glasbläser, Kunsthandwerker, Drechsler, Polsterer, Floristen und Kunstschmiede demonstrieren ihre meisterhaften Fähigkeiten.
Jeden Nachmittag um 17.30 Uhr findet eine Verlosung statt. Ganztägig kann jeder am Glücksrad seine Chance suchen. Man sei für den Ansturm der Neugierigen gut gerüstet, betont Korsmann. Auch Parkplatzprobleme seien nicht zu erwarten. Das angegliederte, ebenfalls neu erbaute Parkhaus bietet 1.050 Stellplätze.

Für weitere Informationen stehen Ihnen zur Verfügung:
Herbert Korsmann: (01 23) 4 56 78-01
Sabine Korsmann: (01 23) 4 56 78-02
Jens Korsmann: (01 23) 4 56 78-03

Pressemitteilung, Verein

TUS Nettstadt hat die 1.000er-Grenze überschritten

Am 7. Juli 20.. hat der TUS Nettstadt sein 1.000-stes Mitglied begrüßt: Veronika Jung (6) wurde mit einem Riesenteddy und einer Wundertüte begeistert begrüßt. »Ich freue mich«, so der 1. Vorsitzende Klaus Feltius, »dass diese magische Zahl 1.000 gerade von einem so jungen Neuling in unserem Verein erreicht wurde.«

Laut seiner Aussage legt der TUS Nettstadt seit Beginn (1989) besonderen Wert auf die Jugendförderung. Allein dazu gäbe es 30 Abteilungen, die von qualifizierten Sportwarten betreut würden. Für die Erwachsenen biete der Verein mehr als 20 Gruppen an. Sein Problem: Die Räume und Plätze werden knapp. Die Zukunftshoffnung: ein eigenes Vereinshaus.

Reklamation

Dieser Begriff wird im Allgemeinen wenig spezifiziert gebraucht. Von Einspruch über Beschwerde, Umtausch, Beanstandung, Protest und mehr wird alles unter einer Reklamation verstanden. Kein Wunder, wenn diese Begriffe traut vereint in einem Duden für sinn- und sachverwandte Wörter zu diesem Oberbegriff zu finden sind.

Unmut äußern oder Rechte einklagen: Reklamationen sind auch ein Mittel, um Streit im Vorfeld zu vermeiden.

Soll Ihre Reklamation Erfolg haben, ist jedoch eine genauere Definition nötig.
Wollen Sie lediglich Ihren Unmut über etwas zum Ausdruck bringen, ohne rechtliche Ansprüche geltend zu machen? Dann können Sie »frei von der Leber weg« einfach alles herunterschreiben, was Ihnen dazu einfällt. Solche Schreiben sind nicht an bestimmte Formalien gebunden.
Müssen Sie aber auf Ihr Recht pochen, Ersatz, Nachbesserung, Wandlung, Minderung oder Umtausch verlangen, dann sollte Ihre Reklamation bestimmte Bestandteile enthalten. Eine solche – auch Mängelrüge genannt – setzt sich zusammen aus: Vertragsgegenstand, Mängelbeschreibung, Wertminderung, Forderung, Fristsetzung.

Bitte beachten Sie dabei: Eine rechtliche Absicherung kann Ihnen weder diese Aufzählung geben, noch können das die Musterbriefe. Die Rechtslage ist nicht immer eindeutig.
Ein Beispiel: Sie bekommen einen Esstisch mit ungleich langen Beinen geliefert. Dass dadurch *die Tauglichkeit der Sache eingeschränkt wird und somit der Wert gemindert wird* – so die Rechts-Deutsch-Formulierung –, ist ziemlich klar. Ob ein Kratzer auf der Tischplatte den gleichen Tatbestand erfüllt? Darüber könnten Juristen voraussichtlich bestens und lange streiten.

Der bessere Weg: Einen Streit von Anfang an nicht als angestrebtes Ziel sehen. Das bedeutet: Nicht als erstes Drohungen anbringen, unnötige Schärfen vermeiden und Bereitschaft zur Verständigung zeigen. Zum Glück sind es ja nur die wenigen schwarzen Schafe, bei denen der Kunde in dem Moment, wenn er gezahlt hat, vom Königsthron gestürzt wird.

Aufbau:

Betreffzeile:	Möglich, aber nicht nötig
Einstieg:	Vertragsgegenstand/Ärgernis
Hauptteil:	Mängelbeschreibung/Wertminderung/Forderung/Situationsbeschreibung
Schluss:	Fristsetzung/Alternativen/ Lösungsvorschlag/Einigungsbereitschaft

Empfohlenes Briefpapier:

Geschäftlich:	Geschäftsbogen
Privat:	Persönliches (gedrucktes) Briefpapier

Reklamation, Beschwerde – privat

Lieber Herr Bandini,

Sie wissen, wie gerne meine Frau und ich uns in Ihrem gemütlichen Restaurant verwöhnen lassen. Deshalb ist es auch unsere bevorzugte Anlaufstelle, wenn wir Gäste zum Essen ausführen. Bislang waren diese und wir auch immer mehr als zufrieden. Die Atmosphäre, der gute Service, die Qualität der Speisen – alles stimmt. Bis letzen Freitag hätte ich geschrieben – alles stimmt immer. Doch dieser letzte wurde zum »schwarzen Freitag«.

Bis wir die Speisekarten bekamen, waren bereits 15 Minuten vergangen. Bis die Bestellung aufgenommen wurde, weitere 20! Die Suppen waren – bis auf die für meine Frau – fast kalt. Dagegen der Wein zu warm – was man schwerlich als Ausgleich betrachten kann. Um dem Ganzen die Krone aufzusetzen, bekamen unsere Gäste anstatt der von ihnen bestellten Seezungen »Kardinal« die »Müllerinnen«.

Unsere Enttäuschung an diesem Abend wäre auch ohne Gäste groß gewesen. Doch dadurch, dass diese uns sehr wichtig waren, wurde das Ganze zusätzlich äußerst peinlich.

Ich schreibe Ihnen dies alles vorrangig aus folgendem Grund: Sie waren verreist, was schließlich jeder Chef auch mal darf. Sie trifft also keinerlei Schuld an der Misere. Ich denke jedoch, Sie sollten davon erfahren, damit Sie Ihre Mitarbeiter kritisch unter die Lupe nehmen können. Offensichtlich leben diese nach dem Motto: Aus den Augen, aus dem Sinn. Ihre gute Ausbildung scheint nur zu funktionieren, wenn Sie anwesend sind.

Das kann und wird Sie als Chef nicht zufrieden stellen. Schließlich besteht die Gefahr, dass neue Gäste, die Ihr Restaurant während Ihrer Abwesenheit kennen lernen, das berühmte »Einmal und nie wieder« denken. Deshalb betrachten Sie diesen Brief bitte als das, was mein Hauptanliegen dabei ist: eine Information für Sie, die einem Imageverlust vorbeugen soll.

Ich bin sicher, dass wir uns beim nächsten Mal bei Ihnen wieder gut bedient und wohl fühlen werden.

Bis dahin grüßt Sie herzlich

Reklamation, Beschwerde – geschäftlich

Sehr geehrter Herr Kahn,

wie Sie wissen, wickeln wir seit vielen Jahren sämtliche Geschäftsreisen über Ihr Reisebüro ab. Ich denke, dass diese Kooperation von beiden Seiten als angenehm und erfolgreich betrachtet wird. Aus diesem Grund gehe ich davon aus, dass dieser Brief schnell und unbürokratisch eine Situation bereinigt, die für uns ärgerlich ist.

Am 12. März bestellte meine Mitarbeiterin, Frau Angelika Tüchtig, telefonisch ein Ticket für eine kurzfristig angesetzte Reise unseres Abteilungsleiters Paul Temme. Das Ticket sollte am nächsten Morgen am Schalter der ABC-Airlines am Flugplatz Hannover bereitliegen. Dort war weder das Ticket vorhanden noch überhaupt eine Buchung bekannt. Zum Glück war Herr Temme frühzeitig dort, das Flugzeug nicht ausgebucht und er so freundlich, diesen Geschäftsflug ohne zu zögern mit seiner Kreditkarte zu bezahlen.

Sicher geben Sie mir Recht, dass diese Tatsachen bereits ein ausreichender Grund wären, unzufrieden zu sein. Doch der »Clou« kommt jetzt: Wir bekamen trotzdem die Rechnung für diesen Flug!

Ich bin fest davon überzeugt, dass dies nur ein Versehen sein kann, das bislang niemand bei Ihnen bemerkt hat. Deshalb schlage ich einen ganz einfachen Weg vor: Sie nehmen die Rechnung, die ich Ihnen mit diesem Brief zuschicke, lassen den Posten ausbuchen und werfen »den Stein des Anstoßes« in den Papierkorb.

Auf eine positive Antwort freue ich mich.
Mit freundlichem Gruß

Reklamation, Mängelrüge – privat (Umtausch)

Sehr geehrte Damen und Herren,

am 15. Mai 20.. bestellte ich aus Ihrem Katalog das Elektrogeräte-Set »Kunt-und-Bunt« in der Farbe Türkis, bestehend aus: Toaster, Kaffeemaschine und Wasserkocher, Bestell-Nummer 00-2244-88TÜ. Sie lieferten das Set umgehend (Rechnungsdatum 16. Mai 20..). Dafür vielen Dank.

Die Kaffeemaschine und der Wasserkocher arbeiten einwandfrei. Der Toaster ist hingegen unbrauchbar. Der Regulierungsknopf für den Bräunungsgrad ist defekt. Er lässt sich überhaupt nicht bewegen. Bei der jetzigen Einstellung – offensichtlich die höchste Stufe – verbrennt der Toast.

Ich gehe davon aus, dass Sie das Gerät in der Farbe Türkis noch am Lager haben und für das defekte einen kostenfreien Umtausch vornehmen. Sollte das nicht der Fall sein, muss ich Ihnen die beiden anderen Geräte gegen Erstattung des Kaufpreises ebenfalls zurückschicken. Ausschlaggebend für meine Bestellung war sowohl die Farbe als auch die Dreiereinheit. Mir ist also weder mit einem Umtausch des Toasters in eine andere Farbe noch mit einem Ersatz aller drei Geräte in Rot, Gelb oder Grün geholfen.

Bitte teilen Sie mir bis zum 21. Mai 20.. mit, welcher Weg der Abwicklung eingeschlagen werden soll.

Mit freundlichen Grüßen nach Versandhausen

Reklamation, Mängelrüge – geschäftlich

Sehr geehrte Frau Rüther,

unsere angenehme Geschäftsbeziehung besteht seit vielen Jahren. Aus meiner Sicht soll das auch so bleiben, obwohl ich heute erstmals einen Grund zur Reklamation habe.

Die Fakten: Nach telefonischer Bestellung vom 27. Oktober 20.. lieferten Sie mir 50 DIN-A4-Ordner »Leitz 33/Standard«. Diese sind alle in derart schlechtem Zustand, dass sie unbrauchbar sind. Die Deckel weisen Flecken auf – ich schätze, es sind Stockflecken – und die Mechaniken sind angerostet, teilweise sogar lose. Meine Vermutung: Zu lange Lagerung in einem feuchten Raum.

Ihre Mitarbeiterin, Frau Kleinschmidt, konnte mir leider keinen sofortigen Umtausch anbieten – sonst wäre das Problem ja aus der Welt. Mit einer neuen Lieferung ist, laut ihrer Aussage, nicht vor der 48. Kalenderwoche zu rechnen. Ich brauche die Ordner aber sofort. Deshalb trete ich vom Kauf zurück und bitte Sie, die entsprechende Rechnung zu stornieren.

Wenn Sie einen Blick auf die Ordner geworfen haben, werden Sie mir zustimmen, dass diese Lösung in diesem Fall die einzig mögliche ist. Bitte entscheiden Sie, ob Sie die Ordner sofort abholen lassen wollen oder ob Ihr Fahrer sie bei der nächsten Papierlieferung mitnehmen soll. Diese wird voraussichtlich in zwei Wochen fällig werden.

Bitte teilen Sie mir bis zum 3. November 20.. Ihre Entscheidung mit. Ich hoffe auf eine weiterhin erfreuliche Zusammenarbeit.

Mit freundlichen Grüßen

Sponsoring

Die Zeiten, in denen Sponsoren schnell und leicht zu finden waren, sind vorbei. Überall werden Budgets gekürzt und die Mittel für Öffentlichkeitsarbeit beschnitten. Deshalb ist ein Brief zur Kontaktaufnahme mit einem potentiellen Sponsor ein wichtiges Schreiben. Es kann zum Türöffner für weitere Gespräche werden, wenn es Interesse weckt.

Als geschäftliche Partnerschaft kann gezieltes Sponsoring zu neuen Kontakten führen.

Wichtig ist vor allem, dass Suchender und Gesuchter imagemäßig zusammenpassen. Das gilt auch, wenn beispielsweise eine Firma ein Sponsoringangebot von sich aus unterbreitet, und nicht nur für den weit häufiger umgekehrt auftretenden Fall.
Es passt zum Beispiel wenig zusammen, wenn ein Kröten-Schutz-Verein von einem Betonhersteller gesponsert werden möchte. Oder die Organisatoren einer Erotikmesse sich Zuschuss von einem Kirchenbuchverlag wünschen.
Umgekehrt kann die finanzielle Misere einer Kindertagesstätte gar nicht so groß sein, dass das Angebot eines Tabakwarenherstellers akzeptabel sein könnte.

Denken Sie also nicht nur über das *Wie?* eines Briefes, sondern auch über das *An wen?* nach, wenn Sie Erfolg haben wollen.

Aufbau:

Betreffzeile:	Möglich, aber nicht nötig
Einstieg:	Selbstdarstellung/Eingehen auf Empfänger
Hauptteil:	Situationsschilderung/Begründung der Anfrage/Möglichkeiten
Schluss:	Ansprechpartner/in/Hoffnung

Empfohlenes Briefpapier:

Repräsentationsbogen, persönliches (gedrucktes) Briefpapier

Sponsoring, Anfrage – einmalig

Sehr geehrte Damen und Herren,

Sie kennen uns, den TC Balldorf, ganz bestimmt. Zwar vielleicht nicht persönlich, aber über die in der Presse seit Jahren groß herausgestellten nationalen und internationalen Erfolge haben Sie sicher gelesen. Ebenso über die vielen Turniere, die wir veranstalten. Ausführliche Informationen über unsere Aktivitäten schicken wir mit.

Wir wollen unserer langen Veranstaltungstradition im nächsten Jahr »die Krone aufsetzen«: Wir haben uns um die Vergabe der Weltmeisterschaft beworben. Diese Veranstaltung wird vom ABC-Aktuellsender aufgezeichnet und am nächsten Tag gesendet. Es werden mehrere Pressekonferenzen stattfinden und die Vorab- und Nachberichterstattung wird umfangreich sein.

Warum wir Ihnen das alles schreiben? Wir suchen zur Durchführung dieser außergewöhnlichen Veranstaltung Sponsoren, die bereit sind, mit einer einmaligen Förderung ihre Kompetenz als Mäzene im Sportbereich zu zeigen.

Für weitere Informationen steht Ihnen unser Sport- und Pressewart, Hans-Rudolf Holtmann, jederzeit zur Verfügung. Wir würden uns über einen Anruf sehr freuen.

Mit freundlichen Grüßen

Sponsoring, Anfrage – dauerhaft

»Kulting & Co« sucht Sponsoren

Sehr geehrte Damen und Herren,

»Kulting & Co« ist ein Modern-dance-Ensemble, das sich in ABC-Town bereits einen Namen gemacht hat.

24 Tänzerinnen und Tänzer, alle mit internationalen Erfahrungen, haben sich zusammengeschlossen. Wir entwickeln eigene Choreografien, erstellen Kulissen und Kostüme in Eigenregie und sorgen selbst für die Öffentlichkeitsarbeit.

Bislang wurden unsere Auftritte und unsere gesamte Arbeit durch öffentliche Mittel unterstützt. Diese sind gestrichen worden. Deshalb benötigen wir dringend die Unterstützung von Sponsoren, die bereit sind, sich im Kulturbereich zu engagieren. Vorstellbar ist dabei sowohl die Förderung einzelner Auftritte als auch ein Hauptsponsor, der uns unter die Arme greift.

Selbstverständlich ist die Nennung in allen Programmbroschüren, Auftrittsunterlagen und Presseveröffentlichungen garantiert. Diese gehen bereits weit über die Stadtgrenzen von ABC-Town hinaus. Zu Ihrer Information schicken wir eine Zusammenstellung aus dem letzten Jahr mit. Gerne sind wir auch zu Sonderauftritten bei Veranstaltungen des Sponsors bereit. Können wir Ihr Interesse wecken? Für Fragen und weitere Informationen stehen wir Ihnen jederzeit zur Verfügung. Wir hoffen sehr auf Ihre Unterstützung. Bitte rufen Sie uns an.

Mit freundlichen Grüßen

Sponsoring, Angebot

Sehr geehrter Herr Wardenbach,

Sie sind seit vielen Jahren der Vorsitzende des TUS Middeldorf, für den Sie sich stark engagieren. In der Presse verfolgen wir mit Interesse die regionalen und überregionalen Erfolge des Vereins.

Dabei wird deutlich, dass die Jugendförderung für Sie an erster Stelle steht. Junge Menschen zu sportlichen Leistungen zu motivieren bedeutet bestimmt für Sie auch dies: ihnen die Wichtigkeit nahe zu bringen, den Körper gesund und fit zu halten. Dabei möchten wir Sie gerne mit unserem Programm: »Naturreine Fit und Fun Säfte« unterstützen.

Wir denken dabei vorrangig an eine Förderung der Jugendabteilung. Aber auch zum Wohl der anderen Mitglieder Ihres Vereins können wir uns verschiedene Formen gemeinsamer Aktivitäten vorstellen.

Damit Sie sich einen ersten Eindruck verschaffen können, schicken wir Ihnen Informationsmaterial zu unserem Haus mit. Wir werden im Laufe der nächsten Woche telefonisch Kontakt zu Ihnen aufnehmen. Wenn wir bei Ihnen Interesse für unser Angebot erweckt haben, freut uns das sehr.

Mit freundlichen Grüßen

Terminverschiebungen

Nicht alle Termine lassen sich telefonisch verlegen.

Müsste jede Terminverschiebung per Brief erledigt werden – die Post würde einen Luftsprung vor Freude machen. In den meisten Fällen favorisiert allein die Plötzlichkeit den Griff zum Telefonhörer. Auch ein Fax bietet sich an.
Oft ist jedoch ein Schreiben der bessere Weg: Bei allen Verschiebungen, die nicht unter Zeitdruck stehen, bei bereits mehrfach umgelegten Terminen, wenn eine Veranstaltung auf unbestimmte Zeit vertagt werden muss oder als »Intensivierer« nach einem Telefonat beispielsweise.

Aufbau:

Betreffzeile:	Möglich, aber nicht nötig
Einstieg:	Termin/Anlass
Hauptteil:	Verschiebung/Begründung
Schluss:	Ersatztermin/Unbestimmte Zeit/Bitte um Verständnis

Empfohlenes Briefpapier:

Geschäftlich:	Geschäftsbogen, persönliches (gedrucktes) Briefpapier
Privat:	Persönliches (gedrucktes) Briefpapier

Terminverschiebung, geschäftlich – Geschäftsfreund

Lieber Herr Reuter,

bitte köpfen Sie mich nicht! Ich kann den Termin am 20. April nicht einhalten.

Wenn ich jetzt schreibe: leider!, dann ist das noch untertrieben. Ich habe ein ausgesprochen schlechtes Gewissen. Das ist jetzt schon das dritte Mal, dass ich Sie um eine Terminverschiebung bitte.

Ich an Ihrer Stelle würde jetzt in Richtung schlechtes Zeitmanagement oder unzureichende Organisation denken. Doch glauben Sie mir: Es sind immer völlig unabsehbare Ereignisse, die meine Pläne durcheinanderwirbeln. Dieses Mal zwingt mich ein Streik in unserem Werk in Sorgenstadt, hier alles stehen und liegen zu lassen. Bitte haben Sie Verständnis.

Warum diese plötzlichen Zwischenfälle immer gerade unsere Termine treffen müssen? Ich weiß es nicht, aber ich bin Optimist: Was lange währt, wird endlich gut!

Ich wage es nicht, Ihnen heute einen neuen Termin vorzuschlagen. Ich kann beim besten Willen nicht absehen, wie lange ich in Sorgenstadt gebraucht werde. Sobald ich zurück bin, melde ich mich bei Ihnen.

Bis dahin mit herzlichen Grüßen

Terminverschiebung, geschäftlich – Gruppe (neuer Termin)

Sehr geehrte Frau Dr. Wieland,

vielen Dank für Ihre Zusage, an dem Tagesseminar »Neue Wege der Humanmedizin« am 3. Mai teilzunehmen.

Der Referent, Professor Dr. Haberkorn, ist bedauerlicherweise plötzlich erkrankt. Deshalb müssen wir die Weiterbildungsveranstaltung leider verschieben.

Wir freuen uns aber, dass Professor Haberkorn bereits jetzt sicher ist, bald wieder gesund und einsatzbereit zu sein. Wir haben mit ihm einen Ersatztermin abgesprochen: Sonnabend, 6. Juli.

Ort, Uhrzeit und alle weiteren Einzelheiten bleiben wie in den Seminarunterlagen angegeben. Wir hoffen, Sie an diesem neuen Termin als Teilnehmerin begrüßen zu können.

Mit der Bitte um Verständnis
grüßt Sie

Terminverschiebung, privat – Sohn

Hallo Christian,

tut mir wahnsinnig Leid: Wir können uns am Freitag doch nicht sehen. Mein Treffen mit dem Redakteur in Berlin ist geplatzt – auf unbestimmte Zeit verschoben. Schade, schade, schade! Hatte mich so gefreut, dich endlich einmal wieder zu sehen! ♥
Melde mich spätestens, wenn neuer Berlin-Termin (für was auch immer) ansteht.
Sonst wie immer: zwischendurch mal »fonen«. Du kannst ja auch mal anrufen!!!

Grüße Catharina lieb von mir.
Kuss für dich.
Wie immer eilige Grüße
Deine Mama

Per Fax: 1 Seite

Weihnachtsgrüße

Das »Fest der Liebe« ist der Schreibanlass schlechthin. Ob allerdings jeder Gruß den Eindruck von »liebevoll« vermittelt, sei dahingestellt. Eine vorgedruckte Karte, die lediglich mit einer Unterschrift verziert wird, kann diesen Anspruch kaum erfüllen. Besonders spannend, wenn das Autogramm nicht einmal leserlich ausfällt, wie oft im geschäftlichen Bereich.

Dort werden Weihnachtsgrüße zur Kontaktpflege für Kundinnen und Kunden, Geschäftspartner/innen oder -freunde verschickt. Im Prinzip eine absolut positive Idee. Nur: Die Kartenflut zum Weihnachtsfest ist groß. Darin geht eine gut gemeinte »Kunden-Bindungsaktion« leicht unter. Überlegen Sie deshalb, ob Sie nicht lieber Weihnachtsbriefe verschicken. Solche Wünsche zum Jahreswechsel sind wirkliche »Kontaktpfleger«, die einem Adressaten beweisen: Da spricht mich jemand ganz persönlich an, hat sich die Mühe gemacht, mir einen nur für mich formulierten Brief zu schicken.

Vorsicht bei vorgedruckten Karten, statt »liebevoll« können sie den Eindruck von »gedankenlos« vermitteln.

Dieses Kriterium erfüllt ein individueller Brief. Seine Elemente: Gemeinsame Erinnerungen, Geschäftsabläufe, zukünftige Vorhaben zum Beispiel zu den guten Wünschen für die Feiertage. Das Tüpfelchen auf dem i setzen Sie durch einen handschriftlichen Brief. Ist das aus Zeitmangel nicht möglich, setzen Sie die Anrede und die Grußformel handschriftlich ein.

Aufbau:

Betreffzeile:	Entfällt, da persönlicher Brief. Kann durch Zitate oder Gedichte ersetzt werden
Einstieg:	Rückblick/gemeinsame Erinnerungen/Zitat/
Hauptteil:	Rückblick/Gemeinsamkeiten/Zukunftsausblick/gegebenenfalls Geschenk
Schluss:	Dank/Zukunftsausblick/Wünsche

Empfohlenes Briefpapier:

Geschäftlich:	Repräsentationsbogen, persönliches (gedrucktes) Briefpapier, speziell erstellte Weihnachtsbogen
Privat:	persönliches (gedrucktes) Briefpapier, speziell erstellte Weihnachtsbogen, Doppelkarte mit Einlegeblatt (beides auch selbstgefertigt)

Weihnachtsgruß, geschäftlich – Geschäftspartner (kurze Zeit)

Sehr geehrter Herr Stern,

es gibt bestimmt Menschen, die sagen: »Wie gut, dass dieses Jahr zu Ende geht. Es war nicht angenehm.« Wie schön, dass Sie und ich das nicht sagen müssen. Unsere Kooperation hat uns die gewünschten Erfolge gebracht. Ja mehr noch: Dank Ihrer Initiative ist es gelungen, ein neues Produkt zu entwickeln, mit dem wir im kommenden Jahr den Markt erobern wollen.

Für die vertrauensvolle und erfreuliche Zusammenarbeit bedanke ich mich bei Ihnen sehr herzlich. Der sichtbare Ausdruck dieses Dankes soll Ihnen in Ihren wenigen Mußestunden etwas Freude bereiten. Ich wünsche Ihnen frohe, unbeschwerte Feiertage, einen erholsamen Jahresausklang und für das neue Jahr viel Glück und Gesundheit.

Mit vorweihnachtlichen Grüßen

Weihnachtsgruß, geschäftlich – Kundin

Echte Feiertage sind Atempausen der Seele.
WALTER NENZEL

Sehr geehrte Frau Kindler,

für die bevorstehenden Feiertage wünschen wir Ihnen, dass sie zu Atempausen für Sie werden. Für die Seele, aber auch für Körper und Geist. Für die vertrauensvolle und angenehme Zusammenarbeit in diesem Jahr sagen wir Ihnen ein herzliches Dankeschön. Wir werden alles daransetzen, dass Sie auch in Zukunft unsere zufriedene Kundin bleiben.

Unsere guten Wünsche für das neue Jahr: Gesundheit, viel Glück und Erfolg für Sie.

Mit freundlichen Grüßen zum Jahresausklang

Weihnachtsgruß, geschäftlich – Geschäftspartner (langjährig)

Lieber Herr Schmeltzer,

erinnern Sie sich noch an unser erstes Treffen? Sie waren im Schnee stecken geblieben, kamen reichlich entnervt – weil so viel verspätet – und völlig durchgefroren bei mir an. Wie schön, dass wir trotzdem damals so schnell warm miteinander geworden sind!

Ich tippe einmal: Sie hatten das inzwischen vergessen. Es ist nämlich sage und schreibe 15 Jahre her! Wir können ein Jubiläum miteinander feiern – wenn auch ein nicht ganz rundes. Und damit Sie, lieber Herr Schmeltzer, schon direkt darauf anstoßen können, schicke ich Ihnen diesen Weihnachtsgruß: für jedes dieser Jahre eine Flasche von dem guten Tropfen, mit dem Sie sich damals den ersten »Wärmeschub« von innen geholt haben. Zum Glück hatte ich Ihren Lieblingscognac im Haus. Denn – o Wunder: Er ist auch meine favorisierte Marke.

Wie schön, dass diese erste Gemeinsamkeit, die wir entdeckten, nicht die einzige geblieben ist. Im Laufe unserer wachsenden Geschäftsbeziehung haben wir ja reichlich weitere gefunden. Sicher ist dies auch ein Grund dafür, dass unsere Verbindung die vielen Jahre so vertrauensvoll und erfolgreich überdauert hat. Dafür mein herzliches Dankeschön.

Ich wünsche Ihnen und Ihrer Familie ein harmonisches und friedliches Weihnachtsfest sowie eine Zeit der Entspannung und Erholung bis zu einem heiteren Jahreswechsel – dazu viel Gesundheit, Glück und Erfolg für das neue Jahr.

Mit herzlichen Weihnachtsgrüßen

Weihnachtsgruß, geschäftlich – Geschäftsfreundin

Liebe Anita,

du sitzt bestimmt genauso wie ich noch am Schreibtisch – wetten? Wie sollte es wohl anders sein, während der Zeit der größten Hektik in unserer Branche. Am vorletzten Freitag vor Heiligabend um 22.13 Uhr. Ich könnte dich anrufen. Aber ich nehme mir jetzt einfach eine »Auszeit«, schiebe den Stapel »Unerledigt« beiseite und schreibe dir.

Und zwar das, was ich dir schon lange sagen wollte:
Ich bin sehr froh, dass sich aus unserer Geschäftsverbindung eine Freundschaft entwickelt hat. Ich habe es von Anfang an gespürt: Wir lagen bereits bei unseren ersten gemeinsamen Projekten auf einer Wellenlänge. Doch das heißt ja noch lange nicht, dass aus Geschäftspartnerinnen auch automatisch Freundinnen werden. Dafür, dass du der Motor dafür warst, danke ich dir herzlich!
Wir beiden »Idioten« sollten uns endlich etwas mehr Zeit füreinander nehmen, Geschäft hin oder her. Es sollte wenigstens einige Gelegenheiten im Jahr geben, wo unsere privaten Bemerkungen nicht als »PS« ans Geschäftliche angehängt werden, sondern der Beruf mal zum Postskriptum wird.
Ich warte mit meinen guten Vorsätzen dazu nicht bis zum Jahreswechsel, wo solche eigentlich hingehören. Ich lade dich herzlich ein, mit mir am 29. Dezember eine kleine Fahrt »ins Blaue« zu unternehmen. Mehr wird nicht verraten. Nimm dir einfach ab 15.00 Uhr frei und lass dich überraschen. Ich hole dich ab und kutschiere dich auch.

So, und nun Schluss mit der Auszeit. Zurück zum Stapel »U«. Bis Weihnachten telefonieren wir bestimmt noch einige Male. Also kann ich dir die »echten« Festtagswünsche dann noch sagen. Nimm diesen Brief bitte als eine Art »Weihnachtsvorläufer«.

Mit lieben Grüßen

PS: Ruf mich bloß nicht an und sage: Aber am 29. ..., du weißt doch ..., dringend ..., keine Zeit. Schicke mir lieber ein Fax, auf dem nur ein Wort steht: Ja!

Weihnachtsgruß, privat – Nachbarn

Liebe Neumänner,

unsere Nasen sagen uns, dass bei Ihnen die Weihnachtsvorbereitungen genauso auf Hochtouren laufen wie bei uns. Nur nicht ganz zeitgleich: Sie backen schon die Plätzchen, wir denken immer noch über Geschenke nach.

Warum wir dazu dieses Jahr so lange brauchen? Wir haben uns ziemlich den Kopf darüber zerbrochen, wie wir Ihnen eine Freude bereiten können. Sie haben sich im Sommer, während unseres Urlaubs, so lieb um »Haus, Hof, Hund« – sprich Vogel – gekümmert. Dafür möchten wir uns bei Ihnen mit etwas mehr als einem geschriebenen Wort bedanken.

Nachdem wir viele gängige Ideen wie das Kistchen Zigarren, den guten Tropfen oder eine Pralinenauslese als »4 minus = nicht ausreichend« verworfen hatten, kam uns endlich die »Erleuchtung«: Wir laden Sie zu einem gemütlichen Abendessen in die »Goldene Gans« ein. Den Termin bestimmen bitte Sie. Wir wissen ja, wie es im Kalender beim »Neumann-Mann« aussieht.

Vielleicht ist die Zeit »zwischen den Jahren« ja günstig. Eigentlich eine recht unsinnige Bezeichnung, finden Sie nicht auch? Das würde unser Essen auf weniger als eine Sekunde – genau genommen: auf nichts – beschränken. Aber vielleicht steht dieser Ausdruck für das Gefühl, dass diese Tage so etwas wie »Atem anhalten, die Zeit still stehen lassen, sich den Zwängen des Jahresablaufs entziehen« bedeuten.

Nun, bis es so weit ist, laufen wir uns ja noch einige Male über den Weg. Deshalb hier erst einmal nur unsere guten Wünsche für das Weihnachtsfest: Harmonische und ruhige Feiertage mit Ihrer ganzen Familie – sicher kommen doch wieder alle? – und trotz »Familienclan-Auflauf« etwas Erholung.

Mit herzlichen Weihnachtsgrüßen von Haus zu Haus

Weihnachtsgruß, privat – Bruder

Lieber Bruder,

zu Weihnachten ist es wohl Tradition, zu wünschen – und zwar VIEL. Du weißt ja, was ich von Tradition halte! Dass ich an dich denke, möchte ich dir trotzdem beweisen. Aber ich wünsche dir für Weihnachten und zum neuen Jahr nur WENIG!!!

WENIG Einkaufsstress
WENIG falsche Geschenke
WENIG Überflüssiges
WENIG Ungesundes
WENIG Unsympathisches
WENIG Pech
WENIG Ärger
WENIG Unfrieden
WENIG Schlechtes

Mit WENIGEN, aber
ganz lieben Grüßen

Deine Schwester

Weihnachtsgruß, privat – gute Freunde

Liebe Freunde,

die Weihnachtseinkäufe haben meine Brieftasche geleert (das Konto auch).
Die Füße sind platt vom vielen Latschen (die Schuhe sind hinüber).
Die Figur rundet sich allmählich durch altbackene Spekulatius (da im Juni hergestellt) und Glühwein vom Weihnachtsmarkt (der die Zunge am Gaumen festklebt). Die Nerven rebellieren gegen die allgegenwärtige Dudelei von Weihnachtsmusik (Supermarkt und öffentlicher Lokus inklusive).
Die Seele ertrinkt im grauen Matsch (beschissenes Wetter).

Das alles macht mich fertig. Mein Herz sehnt sich nach Ruhe, einer sonnigen Schneelandschaft und nach Menschen, die ich mag.

Frohe Weihnacht!

Werbebriefe

Das Medium Werbebrief – auch Mailing genannt – haben inzwischen so viele Anbieter für sich entdeckt, dass es eine Mailing-Flut gibt. Oft genug fliegt ein Werbebrief ungelesen in den Papierkorb.

Die Zauberformel heißt: Neugier wecken!

Nutzen Sie bereits den Umschlag, um Aufmerksamkeit zu erregen.

Um das zu verhindern, hilft nur: Neugierig machen, Interesse wecken, und das beginnt beim Umschlag. Dabei schwören manche Werbefachleute auf sogenannte »Teaser«, einen Aufdruck auf dem Umschlag in Schlagzeilenmanier. Wie viel mehr oder weniger Erfolg für ein Mailing solch ein »Teaser« bringt, kann schwer mit konkreten Zahlen belegt werden. Wie bei allen Einzelheiten einer Werbeaktion ist dies die einzige Möglichkeit, konkrete Erfolge messbar zu machen: Testen, testen und noch einmal testen. Fest steht: Ein guter »Teaser« kann den Erfolg eines Mailings verbessern. Aber keiner ist allemal besser als ein schlechter! Fällt Ihnen nichts wirklich Zündendes ein, verzichten Sie besser auf eine Umschlag-Headline.

Ist die Hürde geschafft, dass die Empfängerin oder der Angeschriebene den Umschlag geöffnet hat? Nun muss die Neugier weiter geschürt werden. Das Interesse darf nicht einschlafen. Dazu ist die Sie-Ansprache oberstes Gebot. »Man« ist für einen Werbebrief tabu, ebenfalls lange Schachtelsätze.
Formulieren Sie kurz, verständlich und versetzen Sie sich in die Lage Ihrer (potentiellen) Kunden. Schreiben Sie nicht über das »Warum« oder »wie« Sie etwas verkaufen wollen. Bringen Sie zum Ausdruck, welchen Nutzen das Produkt für die Kundin oder den Kunden hat, und bauen Sie dabei nicht nur auf die rein sachliche Seite. Appellieren Sie an die Wünsche und Träume, die in jedem schlummern.

Ein Beispiel:

»Kaufen Sie dieses Korrespondenzbuch. Es enthält auf mehr als 250 Seiten wichtige Informationen und ansprechende Musterbriefe.«

»Nett«, wird der Empfänger des Werbebriefes denken, »aber was soll ich damit?«
»Kaufen Sie ... Sie werden mit den wichtigen Informationen und ansprechenden Musterbriefen in Zukunft viel Zeit sparen.«
»Nicht schlecht. Darüber sollte ich mal nachdenken. Zeit sparen ist immer gut«, wird die voraussichtliche Reaktion des Lesers sein. Und bei dem Gedanken bleibt es dann oft. Aus den Augen – aus dem Sinn.
»Kaufen Sie ... . Ab sofort werden Sie mehr Erfolg haben. Beruflich wie privat. Mit moderner Korrespondenz schaffen Sie ein positives Firmenimage. Mit einfühlsamen Briefen bekommen Sie Sympathie und Anerkennung. Mit Mut zum eigenen Stil unterstreichen Sie Ihre Persönlichkeit.«
»Erfolg – Sympathie – Anerkennung – Persönlichkeit, das wünsche ich mir. Das brauche ich. Das Buch kaufe ich sofort.«

Verkaufen Sie also nicht das »Parfum« an sich, sondern den »Duft«. Also die Erfüllung von Wünschen durch das Produkt.

Das ist das Geheimnis: nicht das Parfum, sondern den Duft verkaufen!

Achten Sie bei einem Werbebrief auch ganz besonders auf die Gestaltung.

Zu lange Absätze verleiten den Leser zum »Aussteigen«. Maximal fünf Zeilen sollte ein Absatz umfassen.
Bauen Sie zusätzlich im Fließtext Blickfänge ein – je länger Ihr Brief, desto mehr. Finden Sie dafür Zwischenüberschriften, die zum Weiterlesen anreizen. Oder streuen Sie einige Zeichnungen, Skizzen oder ein Bild des Produkts ein.

Fordern Sie einen Empfänger immer zum Handeln auf. »Antworten Sie gleich heute ...«, »Schauen Sie am besten noch heute bei uns rein«, »Rufen Sie gleich an und nutzen Sie ...«, »Die Fax-Antwort haben wir für Sie fix und fertig vorbereitet. Einfach ausfüllen, und ab aufs Fax. Bitte wählen Sie ...«. So ist die Chance, das »Aus den Augen – aus dem Sinn« zu verhindern, größer.

Nutzen Sie zusätzlich die Blickfangmöglichkeiten von Betreff und PS.

Bei der Betreffzeile ist es wie beim »Teaser«: Keine ist besser als eine schlechte.

Ein Beispiel:

»Der neue Mixer, der alles kann.«
Will ein Kunde einen, der alles kann? Ganz abgesehen davon wirkt eine solche Aussage wenig glaubhaft! Außerdem wird er sich mehr angesprochen fühlen, wenn ihm ein Gerät angeboten wird, das seinen Bedürfnissen gerecht wird. Die aber kennen Sie im Einzelnen nicht. Also können Sie nicht speziell auf eine gute Eigenschaft des Gerätes eingehen.
»Der neue Mixer, der perfekt zerkleinert.«
Fein, dass er das kann. Aber wenn dies nun gerade das Unwichtigste für die Leserin oder den Leser ist? Brief – Papierkorb.
Besser: »Der neue Mixer! Ihm ist es ganz egal, ob Sie gerade rühren, schütteln oder zerkleinern wollen. Er arbeitet für Sie immer perfekt.«
Argumentieren Sie also immer aus der Sicht des potentiellen Käufers. Bieten Sie nicht nur im Text den Nutzen an, sondern vorrangig in allen »Eye-catchern«.

Gezielt eingesetzt bringt das PS Ihren Brief zusätzlich »auf Trab«.

Dazu zählt ebenfalls das PS. Es gibt Werbeprofis, die behaupten: Kein Werbebrief ohne ein PS. Darin wird die Kernaussage, das Wichtigste, noch einmal pointiert oder eine Besonderheit herausgestellt. Zum Beispiel ein kostenloses Zusatzgeschenk bei einer Bestellung. Betonen Sie auch noch einmal die Aufforderung zum Handeln. Richten Sie die Länge des PS nach der Länge des gesamten Briefes aus. Eine grundsätzliche Empfehlung gibt es dazu nicht. Wichtig ist das angemessene Verhältnis zur Brieflänge. Ein 20-zeiliges PS in einem einseitigen Brief erfüllt dieses Kriterium nicht.

PS: Haben Sie bemerkt, wie oft ich auf diesen Seiten an Sie appelliert habe? Ohne die direkte Sie-Ansprache in den Beispielen: 17-mal. Viel Spaß beim nächsten »Werbebrief-Basteln«!

Aufbau:

Betreffzeile:	Zündende Headline, sonst ohne
Einstieg, Hauptteil, Schluss:	Nutzen/Bedürfnis-Erfüllung/ »Duft« statt »Parfum«
PS:	Kernaussage/Zusatzleistung

Empfohlenes Briefpapier:

Speziell erstellter Werbebogen

Werbebrief, Kunden allgemein

Es geht nicht nur um die Wurst!

Liebe Genießerin,
lieber Genießer,

lassen Sie sich von den Pressemeldungen nicht den Appetit verderben! Sie können Ihre Steaks, den Rinderbraten, die Rouladen und die Wurst auch weiterhin genießen:

Kaufen Sie in Ihrem Fachgeschäft!

Wir führen nur Fleisch aus kontrollierten Beständen, und zwar aus der Region! Sie können sich davon selbst überzeugen, wenn Sie möchten. Wie? Ganz einfach: Schauen Sie sich die Höfe meiner Lieferanten persönlich an. Sie liegen alle im Umkreis von 40 Kilometern. Lassen Sie sich bitte auch von unseren vielen anderen leckeren Angeboten zu ganz neuen Gerichten anregen. Am besten gleich heute. Unser Geschäft ist durchgehend von 8.00 bis 20.00 Uhr für Sie geöffnet.

Wir freuen uns auf Ihren Besuch!

PS: Kennen Sie schon unsere täglich wechselnden Mittagsgerichte? Alles fix und fertig. Sie haben dadurch mehr Zeit für sich! Zum Beispiel für Ihr Hobby.

Diese Woche:
Putengeschnetzeltes, Hähnchenbrust, Kalbsroulade,
Gemüserisotto, chinesische Reispfanne,
gefülltes Putensteak.

Werbebrief, Kunden allgemein – personalisiert

Träumen Sie auch so gerne,

sehr geehrte Frau von Papen?

Von weißen Stränden, kristallklarem Wasser, Sonne, Wind und Meer?

Von Erholung, Ruhe, Entspannung und von freundlichen Menschen, die Sie verwöhnen?

Von einem Drink unter Palmen, einem exquisiten Dinner an einem lauen Sommerabend und romantischen Sonnenuntergängen?

Das alles muss für Sie kein Wunschtraum bleiben. Erleben und genießen Sie es! Schauen Sie sich unseren neuen Katalog

Traumstrände der Welt

gleich heute an. Suchen Sie sich Ihr Traumziel aus.

Wir versprechen Ihnen: Sie werden von den traumhaft günstigen Preisen begeistert sein!

Zögern Sie nicht. Denn sonst verpassen Sie eine große Chance:

Den Frühbucher-Traumbonus.

Lesen Sie dazu bitte die Einzelheiten auf der ersten Seite im Katalog. Dort finden Sie ebenfalls den vorbereiteten Traumbonus-Buchungsauftrag. Einfach ausfüllen, abschicken, faxen (01 23) 4 56 78 oder persönlich vorbeibringen. Am besten gleich heute.
Wir freuen uns auf Ihre Buchung.

PS: Sie wissen doch: Einfach mal die Seele baumeln lassen – ein Lebenselixier!

Werbebrief, Kundin bekannt

Sie wollen Ihren Alten loswerden? Schnell, einfach, günstig?

Sehr geehrte Frau Schantzer,

Sie haben vor gut drei Jahren Ihren Honda X3Z bei uns gekauft. Sie sind also seit drei Jahren unsere Kundin. Dafür vielen Dank! Trotzdem kennen Sie uns noch kaum. Eigentlich schade. Aber eben nur eigentlich, denn: Sie kennen uns deshalb noch so wenig, weil

Ihr Honda X3Z
- immer zuverlässig ist,
- nie eine Reparatur brauchte,
- nur zu den seltenen Inspektionen bei uns war,
- Sie nie im Stich gelassen hat.

Sie haben ihn bestimmt in Ihr Herz geschlossen – bei allen seinen guten Eigenschaften. Aber er hat jetzt seinen

133.755-Kilometer-Geburtstag. Also ist er doch schon ein ziemlicher Senior.

Deshalb unsere Frage: Wollen Sie Ihren Alten loswerden? Kein Problem. Tauschen Sie ihn einfach um. Das wird ein Freudenfest bei uns. Wir bieten Ihnen in der Zeit vom 1. Februar 20.. bis 1. März 20.. einmalig günstige Umtauschpreise an. Nutzen Sie dieses Angebot. Besuchen Sie uns am besten gleich heute.

Kommen Sie mit Ihrem Alten. Ihren Neuen können Sie sich täglich zwischen 9.00 und 20.00 Uhr anschauen.

Wir freuen uns auf Sie – und auf Ihren Alten!

PS: Sie haben keine Zeit? Wir kommen auf Wunsch zu Ihnen. Mit Ihrem Neuen. Zum Anschauen. Einfach die fertige Fax-Antwort mit einem Datum und der Uhrzeit versehen, und am besten gleich heute aufs Fax damit: (01 23) 4 56 78. Oder rufen Sie uns an: (01 23) 4 56 79. Sie sehen: Bequemer geht's nicht.

Zwischenbescheid

Der Begriff klingt bürokratisch. Ihr Brief sollte das trotzdem nicht sein. Auch ein Zwischenbescheid stützt oder beeinträchtigt ein Firmenimage.
Der negativste Fall: Er kommt, wenn abschließende Entscheidungen lange dauern, gar nicht.
Die positivste Anwendung: Er erreicht den Adressaten etwa nach acht bis zehn Tagen, nachdem seine Anfrage, Bewerbung, Angebotsanforderung oder Ähnliches geschrieben wurde.

Der Zwischenbescheid: Eine schöne Geste, aber nur, wenn sie nicht nach Massenabfertigung aussieht.

Vermeiden Sie nicht nur *Papierdeutsch* bei der Formulierung eines Zwischenbescheids, sondern auch Standardtexte. Ist erkennbar, dass ein persönlicher Bezug gar nicht hergestellt wurde, leidet der gute Eindruck wieder. Bei vorgedruckten Formularen wird er ganz zerstört!
Dank »Kollege PC« muss trotzdem nicht jeder Zwischenbescheid völlig neu formuliert werden. Für häufig wiederkehrende Anlässe können Sie feststehende Textbausteine parat haben. Ergänzen Sie diese mit der Anrede und, falls nötig, einem individuellen Zusatz – so wirkt jeder Zwischenbescheid wie eine »Sonderanfertigung«.

Aufbau:

Betreffzeile:	Möglich, aber nicht nötig
Einstieg:	Sachlage
Hauptteil:	Erklärung Verzögerung
Schluss:	(voraussichtlicher) Zeitpunkt Antwort/ Entscheidung

Empfohlenes Briefpapier:

Geschäftsbogen

Zwischenbescheid, Bewerbung

Sehr geehrte Frau Niewöhner,

Sie warten sicher schon auf unsere Antwort und rechnen jetzt mit einem klaren Ja oder Nein auf Ihre Bewerbung.

Wir haben auf unsere Stellenausschreibung eine enorm große Resonanz erfahren. Deshalb benötigen wir noch Zeit, um alle Unterlagen sorgfältig durchzusehen.

Bitte haben Sie noch etwas Geduld. Wir werden uns wieder bei Ihnen melden, wenn eine definitive Antwort möglich ist. Das wird voraussichtlich in zwei bis drei Wochen der Fall sein.

Bis dahin grüßt Sie freundlich

Zwischenbescheid, Angebot

Sehr geehrter Herr Fischer,

Sie haben uns nach unserer telefonischen Anfrage sofort ein detailliertes und umfassendes Angebot geschickt. Dafür vielen Dank.

Bitte haben Sie Verständnis, dass wir noch weitere Offerten abwarten möchten, ehe wir uns entscheiden.

Wir werden uns in voraussichtlich zwei bis drei Wochen wieder bei Ihnen melden.

Es grüßt Sie bis dahin

Zwischenbescheid, Reise-Anfrage

Sehr geehrter Herr Schneider,

Sie haben Interesse an unserer Spezial-Leserreise nach Mexiko. Vielen Dank dafür und für Ihren Brief vom 3. September 20.. .

Wie Sie wissen, kann die Reise nur stattfinden, wenn die Teilnehmerzahl von 25 Personen erreicht wird. Die endgültige Entscheidung kann also erst am Ende der Anmeldefrist gefällt werden. Diese läuft am 30. September 20.. ab.

Dann werden wir Sie sofort informieren und Ihnen – im positiven Fall – die Reisebestätigung und alle weiteren Unterlagen schicken. Da die Resonanz auf unser Angebot bereits recht groß ist, sehen wir gute Chancen für das Zustandekommen der Reise.

Es grüßt Sie freundlich

Stichwortverzeichnis